中国领导力提升系列 | 主编 胡月星

领导激励

袁书杰◎著

中国出版集团 研究出版社

图书在版编目（CIP）数据

领导激励 / 袁书杰著 . -- 北京 : 研究出版社，2017.1

ISBN 978-7-5199-0019-9

Ⅰ. ①领… Ⅱ. ①袁… Ⅲ. ①领导学—激励—研究 Ⅳ. ① C936

中国版本图书馆 CIP 数据核字（2016）第 311151 号

领导激励

作　　者　袁书杰　著
责任编辑　寇颖丹
出版发行　研究出版社
地　　址　北京市东城区沙滩北街 2 号中研楼
邮政编码　100009
电　　话　010-64257481（总编室）010-64267325（发行部）
网　　址　www.yanjiuchubanshe.com
电子信箱　yjcbsfxb@126.com
印　　刷　三河市金泰源印务有限公司
开　　本　710 毫米 ×1000 毫米　1/16
印　　张　17.25
版　　次　2017 年 1 月第 1 版　2017 年 1 月第 1 次印刷
书　　号　ISBN 978-7-5199-0019-9
定　　价　42.00 元

《中国领导力提升系列丛书》编委会

参与研究单位

国家行政学院
中国人事科学研究院
中组部浦东干部学院
国家税务总局党校
北京市行政学院
上海市行政学院
黑龙江省行政学院
吉林省行政学院
广西壮族自治区行政学院
辽宁师范大学
宁夏回族自治区行政学院

支持协助单位

国家行政学院中国领导科学研究中心
中国人才研究会领导人才专业委员会
西安思源学院新发展理念与领导力研究中心

提升领导力是聚焦点（代总序）

胡月星

领导科学研究告诉我们，组织发展与领导力提升并不是同步的。组织规模增大，并不意味着领导力随之提升。组织规模小，并不代表没有强大领导力。有的组织诞生时规模很小，但能够逐渐壮大，关键就在于其具有强大领导力。我们党诞生之初人数寥寥，但犹如喷薄而出的朝阳，光照四方。成功的秘诀在哪里？就在于我们党拥有强大的领导力，正是这一核心力量使我们党焕发出旺盛的生命力。今天，我们党是拥有436万多个基层党组织、8779万多名党员的大党，但规模越大并不意味着领导力就越强。加强和改善党的领导，必须把提升领导力作为聚焦点。

那么，领导力究竟是什么？以往人们通常把领导力等同于权力，认为有权力就有领导力。这种观点至今还停留在一些人的头脑中，限制了人们探索提升领导力的视野。领导力与权力确实有密切关系，但绝不是对等关系，有权力未必就有领导力，否则就难以解释个别领导“有权无威”甚至“众叛亲离”的现象。权力仅仅是领导力的一种重要资源，而不是领导力的全部。在领导科学研究中，领导力存在于精神信仰、思想观念、规章制度等方方面面，既包括组织领导力，也包括个体领导力。组织领导力是由个体领导力积极作用而成的合力，这就像百川终归大海一样。组织领导力与个体领导力相辅相成、高度融合，共同提升政党的领导力。我们讨论加强和改善党的领导，当然需要从组织领导力角度去分析，但领导科学研究表明，重视个体领导力对于加强和改善党的领导同样至关重要。因为组织领导力最终要具体落实到领导干部行为中，如果各级领导干部缺乏领导力所必需的知识、能力、品质以及积极行为表现等，组织领导力就会失去来源，组织就会变得软弱无力。可以说，领导干部的领导力直接决定着党的领导力。一个政党领导力的缺失，很大程度上是因为领导干部领导力的缺失。当前，从提升领导力入手加强和改善党的领导，需要把组织领导力与个体领导力紧密结合起来，从“领”入手，由“导”贯通，实现“心”与“力”的积极融合。

用信仰目标实现“领”。信仰就是希望，目标就是方向。没有信仰目标的政党是没有希望的，没有信仰目标的领导干部是难堪大任的。成立90多年来，我们党的领导之所以坚强有力，就是因为我们党有信仰、有目标，让广大党员有使命感，让人民群众有方向感。一个政党如果不能让自己的党员有使命感就无异于乌合之众，如果无法让群众有方向感就会失去号召力和凝聚力。新形势下，加强和改善党的领导，尤其需要把党的领导与党所坚守的崇高信仰、党所追求的远大目标紧密结合起来。要让广大党员和人民群众明白我们党究竟从哪里来、往哪里去，信仰什么、追求什么，党对人民群众来说有着什么样的功能和价值。把这些问题讲清楚，人民群众就会拥护党、追随党。

用科学理念实现“导”。信仰的追求、目标的实现都要有科学的理念。一个政党所坚持的科学理念凝聚着政党的智慧，能够引领人民群众的行动。从这个意义上说，理念科学，领导力就强。我们党一直强调用科学理念实现党的领导。习近平同志在党的十八届五中全会上提出的创新、协调、绿色、开放、共享新发展理念，凝聚着全党的智慧，是统一全党思想和行动的指挥棒。领导干部能不能深入贯彻新发展理念，坚决纠正那些与新发展理念不相适应甚至背道而驰的错误观念与行为，直接关系我们党的领导力。领导干部要把学习贯彻新发展理念与提升领导力、加强和改善党的领导紧密结合起来。

用“心”与“力”的融合提升领导力。心为万力之本。提升领导力，从领导干部个体角度而言尤其要注重“心”与“力”的融合，具体而言主要包括以下几个方面：一是强调忠诚。忠诚是对“心”最重要的要求，是“力”的源泉。领导干部要对党忠诚，不论身在何方，不论处于何种境地，都要把对党忠诚作为自己的道德操守和行为准则，这样才能担负起组织重托。二是强调提升能力。有“心”无“力”，最终只能流于平庸。提升领导力，既要有“心”，也要有“力”。这就要求领导干部必须高度重视提升自己的能力。三是强调责任担当。责任是“心”，担当是“力”。当前，加强和改善党的领导特别需要领导干部有责任担当。有了责任担当，就能把“心”与“力”融合后的力量充分发挥出来，不断提升我们党的领导力。

原载《人民日报》（2016年04月15日07版）

前言

“给我一个支点，我可以撬动整个地球。”阿基米德的这句耳熟能详的著名哲言可以给领导者在激励人心方面以智慧的启迪。自 20 世纪 20 年代以来，管理学家、心理学家及社会学家们就从不同角度研究激励人的问题。到目前，近百年的研究历程不断揭示着人类劳动积极性的奥秘。在现代组织管理中，大多数管理者都强烈地感觉到员工能够比他们现在做得更好。他们认为员工往往只是“干满了他们的工作时间”，而没有以最高标准去“尽力发挥”他们的智慧或者承担义务。

早在三千年前，老子在《道德经》中说过“政善治”。“善治”是领导者管理的最高境界，而有效激励是其非常重要的内容之一。领导的主要功能之一就是激励下属。一个成功的领导者，一定会带队伍，一定是影响员工、激励员工的行家里手。可以说，不管经典的领导特质论、领导行为论、领导权变论，还是后起之秀的领导变革论，无不在回答着和揭示着“领导有效性”的历史命题。领导激励更侧重实务，因此，行为实践性和方法艺术性比较强一些。

本书共有十一章。从领导激励的本质、领导激励理论及我国古代激励思想等方面系统阐释了领导激励的发展脉络，并在领导激励艺术中重点围绕行为激励、环境激励、目标激励、授权激励、职业发展激励和关爱激励等方面铺开，每一章节均辅以小故事或案例解读，并就自我激励与激励型领导等内容做了专题论述。

应当说，领导激励是一个永恒的话题。激励的本质对个体是调动工作积极性、释放潜能以及精神需要的满足体验，对组织是形成合理有效的组织运营形式、提升组织绩效和管理效果。领导中的“领”代表着方向和目标，而“导”更多的是理顺人与事、人与职业、人与组织匹配的关系。这两个方面犹如领导者有效激励的两个臂膀，只有两者同时发力，才能够激发他人的工作热情，才能够以激动人心的奋斗目标号召大家面对未来。

本书的最大特点是题材新颖、观点独到，各章内容互相补充，自成体系。在内容构思设计上，力求理论联系实际，学以致用。本书适用于领导干部的领导力培训及企业管理实务培训，对于干部、员工自学，以及高校管理学类、心理学类相关专业师生学习研读具有一定的参考价值。

C H A P T E R 0 1

第一章

导 论

自从人类社会诞生以来，人的意识行为有别于其他动物，其关键在于能够使用工具。早在旧石器时代，人们利用制作的工具共同捕获猎物，共同谋求生存和发展。人类的高级思维活动具有独特的优越性，它使得人的社会性淋漓尽致地表现在生产活动过程之中。有人的地方就有管理活动，同时人也是管理活动的主体。研究表明，我们的能力，或者潜力非常巨大，需要激励达到更高的水平和高度。激励犹如一个充满神奇力量的杠杆，撬动着人们不为所知的巨大能量。

第一节　激励的缘起

激励的思想、行为源于人类不断的实践，尤其是自工业革命以来，激励在规模化的劳动生产过程中扮演着极其重要的角色。

一、激励的词源与发展

戴尔·卡耐基说："世界上唯一能够影响对方的方法，就是给他所要的东西，而且告诉他，如何才能得到它。"关于激励的解读有很多，有人认为它是一种领导方法、领导艺术，也有人认为它是领导的目的所在，甚至有人认为领导的实质就是激励。

（一）语词之辩

1. 激励 = 激发 + 鼓励

“激励”一词源于古拉丁文 Movere，英文词典里译为 Motivation，意思是刺激、劝导、引起动机。“激励”在《辞海》中的解释是“激动，鼓励，使振作”，也就是通过精神的或物质的手段对个体的行为产生影响，一般用来高效地达到某些目的。在我国，最早使用“激励”一词的文献是《史记 · 范睢蔡泽列传》中“欲以激励应倏”，“将士皆激励请奋”。在这里激励是激发使其振作。《六韬 · 王翼》：“主扬威武，激励三军。”《英烈传》第十四回：“太祖又说：‘此举非独崇奖常将军，正以激励诸将。’”再如《资治通鉴》中“贼众精悍，操兵寡弱，操抚循激励，明设赏罚”。可见在这里“激励”基本意思都是激发鼓动、鼓励。

2. 激励 = 斥责

激励还有一种意思，如《后汉书 · 袁安传》：“司徒桓虞改议从安。太尉郑弘、司空第五伦皆恨之。弘因大言激励虞曰：‘诸言当还生口者，皆为不忠。’”意思是说，司徒桓虞改变主意听从袁安。太尉郑弘、司空第五伦等人都恨袁安。郑弘还大声斥责桓虞说：“凡是主张释放俘虏的，都是对皇上的不忠。”这里的“激励”主要是指斥责、训斥之意。

3. 激励 = 特定术语

在特定的语境下，激励是指一种卡牌游戏的玩法。即带有“激励”关键字的随从在场时，当你使用英雄技能，就可以触发相应的特效。《中国大百科全书》中还有一种电学术语，电源或信号源向电路输入的电压和电流起推动电路做功或活动，称为激励。如脉冲就会激励安装在车库中的设备，使门自动开启。这里的激励一般分为非周期性激励和周期性激励。非周期性激励包括脉冲、阶跃和随机激励等。激励常用时间的函数表示，称激励函数。简谐激励函数 Psin ω t 和 Pcos ω t 是最简单的周期性激励。

到底什么是激励？美国管理学家贝雷尔森（Berelson）和斯坦尼尔（Steiner）给激励下了如下定义：“一切内心要争取的条件、希望、愿望、动力都构成了对人的激励——它是人类活动的一种内心状态。”人的一切行动都是由某种动机引起的，动机是一种精神状态，它对人的行动起激发、推动、加强的作用。因此，我们认为，激励至少包括三个因素：一是诱因性。人们的行为是由什么激发并赋予活力的。人们自身有哪些内在的追求或需求，能驱动他们以一定方式表现出某一特定行为，以及有哪些外在的环境性因素触发了该行为。二是目的性。是什么因素把人们正被激活的行为引导到某一方向上去的。这是指人的行为总是指向一定的目的物，并且总是有所为而发。三是稳定性。这些行为如何矫正、保持和延续。

（二）跨学科的发展

从上面的分析来看，激励可谓源远流长，涉及多个学科和领域，跨学科的特点比较突出。它的跨学科性决定了学者对它含义理解的多样化。在后来概念主要在经济学、心理学、管理学等领域得到了较快的发展和应用。

管理学通常把激发人的工作行为动机叫作激励，还把鼓舞士气、振奋人的精神、激发人的工作热情叫作激励。心理学研究认为，激励是一种刺激。比如，报酬就是与人的生存需要密切相关的，是最有效的一种刺激物。在多数情况下，合理的报酬能够起到很好的激励作用。

美国经济学家史蒂文・列维特和斯蒂芬・都伯纳在《魔鬼经济学》中这样描述，“激励措施乃是现代生活的基石”，因此“经济学在根本上就是对激励措施的研究”。有些学者甚至认为经济学已经变成了激励学。在今天，对于许多经济学家而言，经济学在很大程度上已经成为研究激励问题的学科：努力工作的激励，提高产品品质的激励，投资和储蓄的激励，等等。如何设计制度（或机制）给经济主体提供正当的激励，已成为当代经济学的一个核心问题。

总的来看，除了专业术语以外，激励概念在多个学科之间大有融合发展的态势。激励就是按照一定法则去激发、鼓励和调动。这个法则就是“理”，“王乃使玉人理其璞”的“理”，即按事物本身的规律或依据一定的标准对事物进行处置。

二、领导的激励本能

《孟子·梁惠王上》中提道“明察秋毫而不见车薪，是不为也，非不能也”。也就是说，一个人如果眼睛能发现细微的毫毛，却坚持说他看不见一车柴薪，是因为他不想这么干，并不是因为他没有这个能力。一个人能力再高，如果激励水平很低，缺乏足够的自动力，也必然不会有好的工作效绩；反之，一个人能力一般，如果受到充分的激励，发挥出巨大的热情，也必然会有出色的表现。由此可见，领导者通过激励调动下属的积极性具有极为重要的意义。

（一）领导的本质

什么是领导？这必须把这个概念放在具体的管理活动中来说。“领导”一词来源于英文“lead”。一是动词之意。领导是指在一定的环境下，为实现既定目标，对组织成员进行统领和引导的行为过程。二是名词之义。领导是指领导者或领导干部，本书取其第二种意思。一般来说，领导者具有权威性、服务性、责任性、引导性等特征，而且领导者在决策制定、过程管理、目标实现等方面负有使命感。IBM公司前营销副总裁巴克·罗杰斯认为，一个优秀的领导就是一名鼓动者，一个靠他的言论和行动来激发人们做出最出色的工作的人。注重激励，也是IBM公司取得成功的奥秘。美国著名的管理学家李·亚科卡（Lee Iacocca）认为，组织中的领导者既是决策者，又是人的发动者。他说："讲到使一个企业运转起来，发动人就是一切，你可能能干两个人的工作，但你不能变成两个人。与此相反的是，你要鼓励你下一级的人去干，由他再去鼓动其他的人去干。"古人云："治国之道，唯在用人。"如何能在纷繁复杂的环境和相互交错的矛盾中直面现实迎难而上，如何能在社会转型变革的重要时期引领变革和开拓创新，如何能在浩浩荡荡的人才大军中知人善任培养人才，这不仅需要领导者个人的智商、情商，而且需要领导者在领导活动中会用善用激励这把撒手锏。这样的领导工作才是成功的，才能达到事半功倍的效果。

《史记》载：汉楚相争之初，项羽拥兵四十余万，四倍于刘邦，曾经政由己出，号令天下，威震一时，然而，由于他贤愚不分，奖罚不明，"于人之功无所记，于人之罪无所忘，战胜而不得其奖，拔城而不得其封""虽有奇士不能用"，所以陈平、韩信等部下都"择良木而栖，择贤主而事"，相继离开了他。由于项羽不谙激励之道，奖罚不明，不会用人，使得这位"力拔山兮气盖世"的霸王，最终不免演了"别姬"的悲剧。

行为学家通过大量的调查发现，绝大多数组织在激发工作人员动机方面都具有很大的潜力。哈佛大学的威廉·詹姆士（William James）教授就曾发现，部门员工一般仅需发挥出20%～30%的个人能力，就足以保住饭碗而不被解雇；如果受到充分的激励，其工作能力能发挥出80%～90%，其中50%～60%的差距是激励的作用所致，这一定量分析的结果不得不让领导者们深思。

（二）领导的激励“三重奏”

1. 新时代呼唤

沃伦·本尼斯说：“一个不断取得成功的领导者，其天才之处在于能感知环境的变化。”环境是领导行为的客观条件，任何一种领导活动都是在特定的环境下展开的。在领导活动环境中存在很多变化因素，这些因素与领导者个人的主观意志及喜好毫无关系，它常常超出领导者控制之外，甚至意识之外的一种客观力量。如国际金融经济危机的爆发，是突如其来的，但是它对领导行为方式、企业经营方式以及个人生活方式都产生了巨大影响。技术革命的成功，如蒸汽机技术、信息技术、互联网技术等，也能把领导行为、领导活动方式彻底地改变。面对这些环境变化的突然而至与客观性，领导者一是需要有敏锐性和警觉性；二是需要根据适应和反应理论领导活动中的内在要素做出更为积极的反应和调整。如积极性的调动属于内生性，是可控的。

2. 高效率追求

集体活动的优势就是产生聚合力，产生“1+1>2”的效果。领导活动就是一种典型的集体活动，追求高效率也是领导者和追随者共同的目标。研究发现，高效激励能改善拖延症，在有限的时间做更多的事。“言教不如身教，身教不如境教”，而改变员工思想意识最好的方法，就是通过各种激励手段让他们参与成本控制活动，让员工成为盈利单位。日本松下电器有一句经典语录叫“我制定，我遵守。我检查，我改善。我激励，我参与”。激励是所有管理活动推行的原始核动力，缺少好的激励机制，成本控制活动是很难推行和维持的，海尔集团有一句名言“员工不会做你期望的事，只会做被你要求、被你检查、被你激励的事”。随着市场竞争的日益激烈，许多单位的员工均出现一定程度的职业倦怠和心理亚健康状况。

通过激励机制满足其需求，对于充分调动其积极性、保持良好的工作状态具有非常重要的作用，工作的高效率就变成自然而然的事了。

3. 潜能开发的需要

美国前总统里根曾说过："对下属给予适时的表扬和激励，会帮助他们成为一个特殊的人。"一个聪明的领导者要善于经常适时、适度地表扬下属，这种"零成本"激励往往会"夸"出很多为你效劳的好下属。创造一个高绩效、高忠诚度的单位，领导者不但要具备科学的经营理念、理性的思维方式，还要注重运用"感情管理"，充分调动员工的情商，让员工及顾客感动，让员工心甘情愿地投入并付出激情。善于激发员工潜能的、拥有更高水平的领导者，要同时关注工作结果和工作关系。因为这两项因素都是长期发展的关键所在，缺一不可，必须两者兼顾。也只有这样才能有效开启员工的潜能，使员工与企业共图发展，力争"双赢"。管理学领域的"动车组理论"就是告诉我们，单凭领导者的个人能力既不容易达成目标，又面临巨大压力。只有充分调动组织中每个员工的积极性和挖掘其潜在力量才能达到"高驱动力"的效果。

三、科学管理下的激励实践

（一）泰勒制下的管理

1. 精细化的管理

被誉为科学管理之父的泰勒，走进工厂，深入车间，做了大量著名的实验，短则一周数天，长则竟达 26 年之久的金属切削实验。他选取整个企业经营管理中现场作业管理的某一个局部，从小到大地来研究管理。而其对单一或局部工作流程的动作研究和时间研究，合起来即为流程效率研究，更为后世所效法，成为研究和改进管理工作的主要方法。目前比较流行的公司流程再造，就是告诉我们：任何工作和业务流程，通过科学的精细化管理，更能够接近并在一定程度上达到完美。精细化管理是领导者用来调整产品、服务和运营过程的技术方法。它以专业化为前提、技术化为保证、数据化为标准、信息化为手段，把服务者的焦点聚集到满足被服务者的需求上，以获得更高效率、更高效益和更强竞争力。“精”就是切中要点，抓住运营管理中的关键环节；“细”就是管理标准的具体量化、考核、督促和执行。精细化管理的核心在于，实行刚性的制度，规范人的行为，强化责任的落实，以形成优良的执行文化。

2. 标准化的管理

泰勒率先提出工作标准化思想，是标准化或基准化管理的创始人。泰勒以作业管理为核心的管理理论，其目的是达到现实生产条件下最大生产效率，但其研究成果却是以各个环节和要素的标准化为表现形式。这是一个很重要的标准量化管理的研究成果，开启了标准化管理的先河。现在的许多标准如 ISO、GMP 等大量标准化管理体系，其沿用的仍然是泰勒的思想方法和工作方法。所谓标准化，是指为了实现整个工作过程的协调运行、提高工作效率，而对作业的质量、数量、时间、程序、方法等制定统一规定，做出统一标准，也就是对人所从事的工作标准化。不仅在生产管理领域，标准化管理已经成为现代管理的一个普遍性核心构成部分。现代的社会环境与市场环境是，客户需求的变化越来越快，一线员工流动率越来越高，人工成本不断升高，动态用工和结构性用工成为必然。因此，现代企业必须保持高质量、高效率、低成本和快速应变的竞争优势，才能在竞争中生存下来。标准化管理是应对市场新情况的最有效方式。作业标准化、标准化作业、变化点管理和改善优化是标准化作业管理的动态循环。

日本和美国的企业实践表明，作业标准化做得越好，对员工技能的依赖越低，新员工上手就越快；标准化作业做得越好，生产人员越有条件进行变化点管理，一线干部越有时间推进改善优化；不断改善和优化的结果，使企业作业标准化体系不断完善并得到动态维护。

3. 专业化的管理

自从1776年亚当·斯密发表《国富论》以后，人们开始认识到专业化分工对增加社会财富的巨大威力，从家庭作坊式生产到内部专业化协作的工场式生产，再到专业化工厂之间的分工协作，甚至可以说，工业化的道路就是生产专业化的过程。泰勒在工作和研究中认识到，强调分工和专业化对于提高生产效率是重要的，并首次将领导者和下属的工作区分开来。他认为领导者和下属的工作职责是不同的。简单地说，领导者主要在计划，而下属主要在执行。另外，他还提出在管理过程中必须考虑人性。泰勒曾说过，“科学管理在实质上要求任何一个具体机构或机构中的工人及管理人员进行一场全面的心理革命，没有这样的心理革命，科学管理就不存在”。他说的不存在的意思是——不可能被正确理解、接受和很好地顺利实施。原因在于人们如果不能把思想从小农生产转变到工业化大生产的认识上来，劳资合作以便提高生产效率、提升双方整体福利的新措施就不可能实施。

（二）“胡萝卜 + 大棒”的激励印迹

奖励和惩罚是激励中的两个有机组成部分，它们相互配合就能够发挥较好的整体效应。“胡萝卜 + 大棒”的激励方法来源于一则古老的故事。故事是说在驴子前面放一个胡萝卜吸引或者用一根棒子在后面赶来使驴子前行。胡萝卜代表“诱惑”或“甜头”，大棒代表“威胁”或“惩罚”，这种激励就是一方面给他点利益诱惑，另一方面给对方以威胁，是一种软硬兼施的做法。在组织管理中，实施惩罚的威胁或者给予奖励的引诱，组织鼓励员工执行自己意图时最常用的方法就是胡萝卜加大棒。当人们在根据职能划分的群体中做着重复的工作时，最关心的只是维持生产率或效率，胡萝卜加大棒的激励方法，可以确保员工保持一个合理的工作绩效水平。

古人云："军无财，士不来；军无赏，士不往。"无论处在什么样的管理体系中，奖励机制必不可少，这种奖励机制就是所谓的"胡萝卜"，它包括薪资、福利、升迁、培训、尊重、爱护、信任、授权等。领导者运用"胡萝卜"会给员工留下温和、亲切的印象，巧妙地使用"胡萝卜"能充分调动员工的积极性，但在实际的管理工作中，"胡萝卜"的激励效果并不是屡试不爽，有时候"大棒"却能充分展示它的威力。这里所说的"大棒"，刚好与"胡萝卜"相反，它包括严厉强硬的处罚、严格的控制、严密的监视等。曾国藩是一个文人，他把湘军治理成为一支很有战斗力的军队，方法很简单，他认为农民出来卖命打仗无外乎是为了升官发财，对想当官的人：打小胜仗当小官，打大胜仗当大官；对想发财的人：打小胜仗发小财，打大胜仗发大财。把打仗的胜负与士兵的升官发财联系在一起，这就为这支军队注入了活力和生命力。

但是，需要注意的是奖惩效应也可能因人而异。心理学家齐格勒和坎策尔做了这样一个实验：他们把小学低年级与中年级的学生分别分成两个组，让他们回答语文和数学中的问题，最后对其中一个组给予表扬，对另一个组则矫正其错误。数周以后，他们又对两组学生同时进行测验。结果表明，低年级学生中，表扬组较之错误纠正组的成绩为佳，而中年级的情况则完全相反，错误纠正组较之故意表扬组，其成绩优良在一倍以上。这个实验表明，年幼的儿童乐于接受表面的表扬，而年龄稍大的儿童则更能深刻地领会教师批评和表扬的用意。因此，奖惩的效果可能受人的年龄、职业、性别、知识水平和社会阅历等影响而不同。心理学研究表明，外在激励（譬如胡萝卜和大棒）对于改变行为的作用具有有限性，只有内在的行动承诺才能发挥有意义且持久的激励作用。

高产个人与限制产量者的区别

一些有趣的研究提出了各种因素以便将重视薪酬的员工与不太重视薪酬的员工区分开。例如，道尔顿对计件工资薪酬计划的研究就将高产工人（产出十分高，对他们来说薪酬是十分重要的）和限制产量者（限制自己的产量，对他们来说薪酬是次要的）区分开。道尔顿认为这两组工人的家庭背景完全不同。限制产量者通常是缺乏技能的工业工人的子弟，他们生长在大城市，积极参与社团活动。他们希望成为民主党员，并将高产工人称为“共和党的猪”。他们的宗教信仰通常是天主教，而他们也加入了许多社会组织，像慈善互助会等团体。高产工人一般在农场或小镇中长大，在那里他们生活在父母权威密切的监督管理下。他们希望成为“孤独的狼”，通常不会参加组织活动。他们中的大部分是共和党人，并拥有自己的家庭。对高产工人而言，金钱似乎就是“美德的象征”，因为它表明了自己工作很努力。道尔顿将这两种类型概括为“其中一类人出生于农村或中产阶级家庭，像孤独的狼，共和党人，他们是节约用钱并善于投资且没有多少业余爱好的工人。另一类是新政民主党人，他们出生于大城市，是爱交际、乱花钱的工人”。

四、人性回归：自由和平等

（一）霍桑试验的启示

1929 年，美国哈佛大学心理学家梅奥教授率领他的研究团队来到霍桑工厂，对员工的心理行为进行了一系列的实验和观察，发现管理并不是泰勒等人所讲的单纯的技能管理，人的心理行为的“调适”与“激励”也是管理不可缺少的重要内容，这一发现对西方管理理论产生了重大的冲击。

霍桑工厂是美国芝加哥西部电气公司所属的一个电话交换机制造厂，它不但有完善的娱乐设施，而且有健全的医疗和养老保险制度。但是，研究人员发现，员工的不满情绪仍然很大，生产状况和生产效率也不是很理想。于是他们针对员工的心理情绪进行了深入调查，同时根据员工的状况分别进行了实验，通过实验了解外部环境与生产效率的关系、员工的人际关系（还包括组织结构、非正式组织）对生产效率的影响等。实验结束以后，得出的结论：生产效率不仅仅产生于管理流程之中的技能，管理职责以外的因素和人自身的因素也对生产效率发挥影响作用。他们在两年多的时间里找员工谈话两万多人次，所得出的结论更使得研究人员感到管理中人的“心态”因素的重要性。特别是在“谈话实验”结束之后，霍桑工厂的产品产量大幅度提升，生产效率大幅度提高。长期以来埋藏在员工心底的情绪爆发出来，员工感到受重视，进而心情舒畅，干劲倍增。因此，社会心理学家把实验产生的效应称为“霍桑效应”。

由此，我们可以得到一些启示：生产条件与生产效率之间并不存在直接的因果关系，而改善劳动者的士气及其人群关系，才是提高工作效率的关键之所在。梅奥认为，人的社会属性影响人的生产积极性，除物质条件外，还有社会、心理的因素。所以，领导者给员工一个良好的工作环境是很重要的，当领导者能够从这些方面关心员工的时候，才真正做到以人为本，真正在做领导者应该做的事情，不单单只是关心业绩、关心成绩，更是关心人、关心员工的内在需求。

（二）精神价值主导激励

1961 年，美国作家格林尼出版了一本小说《一个枯竭的案例》，书中描写了一名建筑师因为不堪忍受精神上的痛苦和折磨，放弃自己的工作，逃往非洲原始丛林的故事。管理学研究表明，薪资福利、职业发展前景和人际关系工作环境是员工普遍关心的三个问题。目前，我国正处于社会变革转型阶段，经济快速发展，组织变革速度加快，职业不稳定加剧，使得人们对工作感到前所未有的压力。现代员工过度紧张使个体出现疲乏、焦虑、压抑、工作能力下降，甚至身心衰竭现象等。来自精神方面的无形激励，无疑是调动员工积极性、主动性和创造性的有效方式。

正如梅奥的同事罗特利斯伯格指出，“一个人是不是全心全意为一个组织提供他的服务，在很大程度上取决于他对他的工作、对他工作上的同伴和他的上级的感觉”。惠普公司以对人的尊重与信任的企业精神为人们所熟悉。在这个公司里，存放电气和机械零件的实验室备品库是全面开放的，允许甚至鼓励工程师在企业或家中任意使用。惠普的观点是：不管他们拿这些零件做什么，反正只要他们摆弄这些玩意儿就总能学到东西。公司没有作息表，也不进行考勤，每个员工可以按照个人的习惯和情况灵活安排。惠普在员工培训上一向不惜血本，即便人员流失也在所不惜。惠普的创始人比尔·休利特说：“惠普的成功主要得益于‘重视人’的宗旨，就是从内心深处相信每个员工都想有所创造。我始终认为，只要给员工提供适当的环境，他们就一定能做得更好。”基于这样的理念，惠普特别关心和重视每个人，承认他们的成就、尊严和价值。美国管理学者利特温和斯特林格（Litwin & Stringer）通过典型调查，研究了组织环境和激励力量之间存在的相互关系。他们认为人们的动机强度受到来自组织环境的影响，其中组织与权力激励有密切的关系，而与成就激励、社交激励呈相反的关系。这说明每个员工如果能够在组织内得到公平的待遇，有温暖的感觉，就可能不需要过多地从组织外部去寻求能够得到的满足感。这也说明，组织内部的激励对员工积极性、创造性的发挥，有着直接的、重要的作用。

总之，在物质生活水平不断提升的同时，员工越来越渴望得到那些非经济性的报酬，比如工作保障、身份标志，员工更富有挑战性的工作、晋升、对突出工作成绩的承认、培训机会、弹性工作时间和优越的办公条件等。员工除了面包以外，更需要梦想、阳光、愉悦、尊严、荣誉、友谊和人文关怀。

第二节　当代激励理论

激励理论是行为科学中用于处理需要、动机、目标和行为四者之间关系的核心理论。其基本原理是：个体由自身需要引起内部紧张感，产生行为动机，并进行行为选择，以实现个体目标，满足需要。之后又产生新的需要，引起新的动机和行为，不断循环。

一、内容型激励理论

激励内容理论说的是靠什么去激励的问题，这类理论比较注重研究动机激发的因素，内容都是围绕着如何满足人的需要进行研究的。下面简单介绍几种比较有代表性的内容型激励理论：马洛斯的需要层次理论、赫茨伯格的双因素理论。

（一）需要层次理论

1943年，美国心理学家马斯洛（Maslow）在他的著作《人的动机理论》中，提出了需要层次理论。他认为人类需要像阶梯一样从低到高按层次分为5种：生理需要、安全需要、归属需要、尊重需要、自我实现需要。其中生理需要、安全需要、归属需要属于人类的低层次的需要，又叫缺乏型需要。只有在满足了这些需要，个体才能感到基本上舒适。尊重需要和自我实现需要属于人类的最高层次的需要，又叫成长型需要，这些需要就是为了个体的成长与发展。

生理上的需要是人们最原始、最基本的需要，如吃饭、穿衣、住宅、医疗等。它是最强烈、无法避免的最底层需要，也是推动人们行动的强大动力。安全的需要指对人身和财产安全、工作和生活环境安全等的追求以及规避各种社会性、经济性损害的倾向。归属的需要，如希望得到爱、与他人建立友谊、有和谐的人际关系、被团体所接纳等，如果这种需要得到满足后，人便会产生归属感。尊重的需要，包括自我尊重、自我评价以及尊重别人。这种需要一旦成为主要的满足方向，就将会让人产生持久的工作动力。自我实现的需要是最高级的需要。满足这种需要一般要求完成与自己能力相匹配的工作，最充分地发挥自己的潜在能力，成为所期望的人物。总的来说，这 5 种需要像阶梯一样，由低及高。低一层次的需要获得满足后，就会向高一层次的需要发展。人的最迫切的需要才是激励人行动的主要原因和动力。随着物质水平的不断提升，人的需要正在从外部得来的满足逐渐向内在得到的满足转化。

因此，在管理过程中，领导者应该首先满足员工的层次较低的需要，例如提高薪水、改善工作环境等，满足其衣食住行上的需求。然后，领导者应该努力发现员工的创造性，对其适当嘉奖，使其产生被认同感，进而努力工作。对于有创造力或能力很强的员工，领导者应当给予他一定的地位，让他有满足感，进而实现自己的目标，创造出更大的价值。

（二）双因素理论

双因素理论又叫激励保健理论，是 20 世纪 50 年代美国心理学家、管理学家、行为科学家弗雷德里克·赫茨伯格（Frederick Herzberg），与一批匹兹堡心理研究中心的工作人员，对匹兹堡地区 11 个行业的 200 多名工程师和会计人员进行调查询问后，在分析员工满意和不满意的因素基础上提出的一个重要理论。

他认为引起人们工作动机的因素主要有两个：一是保健因素；二是激励因素。保健因素是指那些与人们的不满情绪有关的因素。当人们描述不满情绪时，往往提到的是并非与工作本身有关的因素，而是与工作外部环境有关的因素。有些事件会让人们感到他们在一种不公平或紊乱的环境中工作，这些事件会造成一种不利于心理健康的工作环境。它包括监督、人际关系、工作条件、薪酬、公司政策、行政管理、福利政策以及工作保障。当这些因素恶化到员工不能接受的程度，那么随之而来的就是对工作的不满态度。然而，即使这些因素都处在最佳状态，也只能预防不满情绪的出现，并不一定会促进正面情绪的产生。激励因素是指那些与人们的满意情绪有关的因素，如成就感、挑战性、责任、晋升、成长、工作本身等。人的终极目标就是自我实现，人需要在生活的各个方面实现自我，工作是其中最重要的方面之一。工作环境因素并不能满足这个需求，它们不具备让人们实现价值的功能。只有工作本身才能满足人的这一基本需求，进而又增强人们对这种需求的渴望。因此，只有激励因素才能从劳动力资源中得到工作满意度并有效提升工作绩效水平。

就保健因素来说，“不满意”的对立面应该是“没有不满意”。“保健因素”的改善只能消除员工的不满，却不能使员工变得满意，所以不能激发员工的积极性。而就激励因素来说：“满意”的对立面应该是“没有满意”。“激励因素”的改善能够激励员工的工作积极性、创造性和热情，从而提高劳动效率。赫茨伯格认为，不是所有的需要得到满足都能产生激励效果，只有激励因素得到满足的时候才能极大地激发员工的工作积极性。缺乏保健因素必然会引起员工的不满，而保健因素的满足也不会产生强烈的激励作用。这就能很好地解释一个单位很多激励措施失败的原因。有些单位给予员工舒适的工作环境、丰厚的薪酬、人性化的管理，却不能使员工对所从事的工作感到十足的满意。这正是因为保健因素上的满足，是无法有效提高员工积极性的。如果工作乏味单调，无法给人责任感和成就感，当然也就很难给人实现自我价值的机会。所以，只有把激励的重点放在激励因素上，才能事半功倍地提高工作效率。

某服装厂的激励计划

某厂专门生产妇女时装及饰件，经济效益较好。人事科长刚从一个管理研修班上归来，这个研修班主要研究激励理论。他对马斯洛和赫茨伯格两人的理论印象深刻，决心立即在工厂里加以运用。他认为，这个厂的工资水平已居于同行业的前列，现在应当强化赫茨伯格所说的“激励因素”。在说服了厂领导班子之后，他制订了一个激励计划，强调了领导赏识、加大个人责任、重视成就和增强工作的挑战性等激励因素的作用，要求员工经常开会相互评议、记录优缺点，对表现突出者及时予以提升或表扬。这个计划实行了几个月后，他困惑地发现事情的发展并非如他所预料的那样。服装设计师们对计划的反应最不积极，有些人认为，他们的工作已具有较高的挑战性，成就感靠超过各自的销售定额来实现，成绩明显可见，而这个计划对于他们来说纯粹是浪费时间。裁剪工、缝纫工、熨烫工和包装工们的感受也是多种多样的。有些人因计划实施而获得赏识反应良好，而有些人直接认为这个计划不过是厂领导要求他们更加卖力工作，却不多给工资。面对员工们如此大的分歧，厂领导对人事科长很不满意，打算停止执行这个计划。理论源于实践，也一定能够指导实践，但是如何有效地运用理论，必须要从单位的实际出发。

二、过程型激励理论

过程型激励理论说的是为什么会产生激励的问题，它着重研究人从动机产生到采取行动的心理过程。下面简单介绍比较有代表性的过程型激励理论：亚当斯的公平理论、弗洛姆的期望理论。

（一）公平理论

公平理论又称社会比较理论，由美国心理学家亚当斯于 1965 年提出。该理论侧重研究人的动机和知觉关系，认为员工的激励程度来源于对自己和参照对象的报酬和投入的比例的主观比较感觉。人的工作积极性不仅取决于个人的实际报酬，更取决于对报酬的分配是否感到公平满意。因为人总会自觉或不自觉地将自己付出的劳动代价及其所得到的报酬与他人进行比较，并做出公平与否的判断。从某种意义来讲，动机的激发过程实际上是人与人进行比较，做出公平与否的判断，并据此指导行为的过程。

公平理论可以用公平关系式来表示。设当事人 a 和被比较对象 b，则当 a 感觉到公平时有以下等式成立：

$$Op / Ip = Oc / Ic$$

Op 代表自己对所获报酬的感觉；Ip 代表自己对个人所做投入的感觉；Oc 代表自己对他人所获报酬的感觉；Ic 代表自己对他人所做投入的感觉。

当等式两边不相等时，就会出现以下两种情况：一是 $Op/Ip < Oc/Ic$。在这种情况下，他可能要求增加自己的收入或减小自己今后的努力程度，以便使左方增大，趋于相等；另外，他可能要求组织减少比较对象的收入或者让其今后增大努力程度以便使右方减小，趋于相等。当然，他也有可能另找他人进行比较，以便达到心理上的平衡。二是 $Op/Ip > Oc/Ic$。在这种情况下，他可能要求减少自己的报酬或在开始时主动多做一些工作，他也有可能重新评估自己的技术和工作情况，终于觉得他确实应当得到那么高的待遇。除了横向比较以外，人们也经常进行纵向比较，即把自己目前投入的努力与目前所获得报偿的比值，同自己过去投入的努力与过去所获报偿的比值进行比较。当发现当前的比值大于过去的比值时，人也会有不公平的感觉，这可能导致工作积极性的下降。反之，人不会因此产生不公平的感觉，但也不会觉得自己多拿了报偿，从而主动多做一些工作。

因此，在管理过程中，首先，领导者要引导员工形成正确的公平感。其次，领导者需要认识到员工的公平感将影响整个组织的积极性。最后，领导者的管理行为必须遵循公正原则。例如，在设置薪酬时，领导者要注意运用公平理论，从员工本身出发，从事同样的岗位，付出同样的努力，应得到同样的薪酬，同时，也要注意与市场接轨，了解同行业其他单位的薪酬水平，依据自己单位现阶段的承受能力，尽量缩小与其他同行业薪酬的差距。

（二）期望理论

期望理论，又称“效价—手段—期望理论”，是 1964 年美国心理学家、行为科学家维克托·弗洛姆（Victor Vroom）在其著作《工作与激励》中提出来的。

激励（motivation）取决于行动结果的价值评价（即“效价”valence）和其对应的期望值（expectancy）的乘积，即 $M = V \cdot E$。弗洛姆认为，人总是渴求满足一定的需要并设法达到一定的目标。这个目标在尚未实现时，表现为一种期望，这时目标反过来对个人的动机又是一种激发的力量，而这个激发力量的大小，取决于效价和期望值的乘积。其中 M 表示激发力量，是指调动一个人的积极性，激发人内部潜力的强度。V 表示效价，是指达到目标对于满足他个人需要的价值。同一目标，由于各个人所处的环境不同，需求不同，其满足需要的目标价值也就不同。同一个目标对不同的人可能有三种效价：正、零、负。效价越高，激励力量就越大。E 表示期望值，是人们根据过去经验判断自己达到某种目标的可能性是大还是小，即能够达到目标的概率。目标价值大小直接反映人的需要动机强弱，期望概率反映人实现需要和动机的信心强弱。

如何使激发力量达到最大值，弗洛姆给出了人的期望模式：个人努力—个人成绩（绩效）—组织奖励（报酬）—个人需要。也就是说，员工内心中已经建立了有关现在的行为与将来的成绩和报偿之间的某种联系。因此，要获得所希望的行为，就必须在他表现出这种行为时，及时地给予肯定、奖励和表扬，使之再度出现。同样，想消除某一行为，就必须在表现出这种行为时给予负强化，如批评、处分等。

总之，这个理论的核心是研究需要和目标之间的规律。一个人最佳动机的条件是：他认为他的努力极可能导致很好的表现；很好的表现极可能导致一定的成果；这个成果对他有积极的吸引力。因此，领导者要提高完成工作的激励力度就要从提高效价和期望值两方面入手，两手抓，注意两者之间的搭配组合。为员工设定的工作目标要符合“跳一跳”原则，积极创造条件，帮助员工提高工作能力有助于增加他们的期望值。单位给予员工的奖励只有符合员工的主要需求才能产生比较高的效价。

（三）目标设定理论

1967 年，美国马里兰大学管理学、心理学教授洛克（E. A. Locke）提出了“目标设定理论”，他认为目标本身就具有激励作用，目标能把人的需要转变为动机，使人们的行为朝着一定的方向努力，并将自己的行为结果与既定的目标相对照，及时进行调整和修正，从而实现目标。他与休斯（C. L. Huse）曾一起研究发现，外来的刺激（如奖励、工作反馈、监督的压力）都是通过目标来影响动机的。目标能引导活动指向与目标有关的行为，使人们根据难度的大小来调整努力的程度，并影响行为的持久性。这种使需要转化为动机，再由动机支配行动以达成目标的过程就是目标激励。

该理论认为挑战性的目标是激励的来源。所以，一个人接受困难的目标会比接受容易的目标所获得的绩效更高。但是，当目标困难增加时，一个人的工作业绩会提高，直到达到业绩的顶峰，而对困难目标缺乏认同感的个体，单位业绩会降低或者很差。管理学家们曾经专门做过一次摸高试验。试验内容是把 20 个学生分成两组进行摸高比赛，看哪一组摸得更高。第一组 10 个学生，不规定任何目标，由他们自己随意制定摸高的高度；第二组规定每个人首先定一个标准，比如要摸到 1.60 米或 1.80 米。试验结束后，把两组的成绩全部统计出来进行评比，结果发现规定目标的第二组的平均成绩要高于没有制订目标的第一组。这个试验证明了一个道理：目标对于激发人的潜力有很大作用。因此，目标是一个人试图完成的行动的目的，是引起行为的最直接的动机，设置合适的目标会使人产生想达到该目标的成就需要，因而对人具有强烈的激励作用。重视并尽可能设置合适的目标是激发动机的重要过程。

三、行为型激励理论

行为型激励理论研究人的行为如何被改造为积极行为的理论。下面简要介绍一下比较具有代表性的理论：斯金纳的强化理论。

强化理论，又称行为修正理论，是由美国心理学家、新行为主义学习理论的创始人之一伯尔赫斯·弗雷德里克·斯金纳（Burrhus Frederic Skinner）于 20 世纪 70 年代提出来的。该理论着重研究人行为的结果对其行为的影响作用。

他认为人的行为是由外界环境决定的，外界的强化因素可以塑造行为。人或动物为了达到某种目的，会采取一定的行为作用于环境。当这种行为的后果对他有利时，这种行为就会在以后重复出现；对他不利时，这种行为就减弱或消失。人们可以用这种正强化或负强化的办法来影响行为的后果，从而修正其行为。该理论主张对激励进行有针对性的刺激，只看重员工的行为及其结果之间的关系，而不是突出激励的内容和过程。

斯金纳将有针对性的刺激分为 4 类，即正强化、负强化、惩罚和自然消退。这 4 种类型既可以单独使用，也可以结合使用，前两类可以增强或保持一种积极行为，后两类则会减弱或减少某种不良行为。正强化是积极强化，就是奖励这些符合组织目标的行为，以便使这些积极行为得到进一步加强，从而有利于组织目标的实现。负强化是消极强化，是指为了使某种行为不断重复，减少或消除施于其身的某种不愉快的刺激，使人尽可能避免得到不合意的结果。惩罚是通过罚款、批评、开除等方式对那些不符合组织目标的行为进行责罚，以使组织不希望发生的一些行为减少发生甚至消失，从而保证组织目标的实现不受干扰。自然消退是冷处理，就是对于组织不希望发生的行为，除了直接的惩罚措施外，还可以采取“冷处理”或“冷漠”的方式，使这种行为自然消退。

奖励的惩罚

埃尔菲·艾恩在《奖励的惩罚》一书中描述了一个古老而有趣的故事：一群放学的孩子每天都会去嘲弄一个上了年纪的老人，他们天天取笑老人并乐此不疲，这好像成了他们放学后的另一节课。这天，老人很平和地对他们说，如果他们明天能够再来嘲笑他，他会给他们每人一元钱。孩子们当然非常兴奋，因为不仅可以干自己喜欢的事情，而且还能有收入。于是，第二天他们早早地就来了，并且极尽可能地嘲笑老人。老人遵守诺言，给了他们每人一元钱，并说如果明天还能来骂他，就给他们每人两毛五分钱，孩子们想想还不错。于是，接下来的一天他们就又来嘲弄老人，老人给了他们钱，然后告诉他们下一次再来只能给一分钱了。“算了吧，我们再也不来了，才一分钱”。孩子们就真的不来了。

激励来自行为后果的强化。某种行为出现后，如果会带来强化这种行为的后果，反复持续，就能使行为与强化之间形成很强的相倚关系，这样，领导者就可以通过强化来调节这种行为。领导者可以调节强化物的种类、频率、强度，但归根到底，激励作用是由被管理者的自身行为产生的，从而使强化对后续行为形成有效制约，而且具有主动性。例如，能不能拿到奖金，不是由领导者说了算，而是由自己的行为决定的。领导者的作用，不在于直接给下属提供刺激，而在于调整行为与强化物之间的相倚关系。一种行为必然会有后果，而这些后果在一定程度上会决定这种行为在将来是否重复发生。所以，强化理论被广泛地应用在激励和人的行为的改造上。但是，这种理论存在一定的缺陷，它只讨论外部因素或环境刺激对行为的影响，忽略了人的内在因素和主观能动性对环境的反作用。

四、综合型激励理论

1968年，美国行为学家波特（L. W. Porter）和劳勒（E. E. Lawler）在《管理态度和成绩》一书中提出来波特—劳勒综合激励理论。他们认为激励是一个非常复杂的问题，涉及人类行为的诸多方面。只有把内、外激励因素全部都考虑进去，系统地描述激励全过程，才能克服各种激励理论的片面性，形成对人的行为更为全面的解释。

该理论设计了 4 个主要变量：员工的努力程度、工作绩效、内外奖酬和满足感，认为员工的努力程度影响其工作绩效，而工作绩效将使员工获得组织给予的内在和外在奖酬，各种奖酬将影响员工的满足感。人的努力程度是指个人所受到的激励强度和所发挥出来的能力，它的大小取决于个人对某项奖酬（如工资、奖金、提升、认可、友谊等）价值的主观看法以及个人对努力将导致这一奖酬可能性（概率）的主观估计。其中，奖酬对个人的价值因人而异，取决于它对个人的吸引力。而个人每次行为最终得到的满足，又会以反馈的形式影响个人对这种奖酬价值的估计。同时，个人对努力可能导致奖酬概率的主观估计又受上一次工作绩效的影响。工作绩效是员工的工作表现和实际成果，工作绩效不仅取决于个人所做出的努力程度，而且也有赖于一个人的能力与素质以及对自己所承担角色的理解程度（包括对组织目标、与任务有关的各种因素的认识程度等）。奖酬是绩效所导致的各种奖励和报酬，它包括内在性奖酬和外在性奖酬两种。内在性奖酬、外在性奖酬以及主观上所感受到的奖酬的公平感，共同影响着个人最后的满足感。内在性奖酬更能给员工带来真正的满足。另外，个人对工作绩效和所得奖酬的评价会形成员工的公平感。满足感是个人当实现某种预定目标时所体验到的一种内在的认知状态，如责任感、胜任感和成就感等。

管理实践表明，对员工的激励确实是一个十分复杂的问题。因此，针对员工的积极性方面出现的问题，在实际的管理过程中领导者要善于从不同的角度来考虑激励的方式，查出造成积极性不足的原因。这些问题可能主要是由某个方面的因素造成的，也可能是由几个不同方面的因素同时作用造成的。领导者不仅要善于运用各种激励理论，从不同角度来分析现实问题，还要善于在解决现实复杂问题的过程中，不断创新，丰富和发展激励的实践成果。

第三节 领导激励的本质

一、领导眼中的下属

法国有一句古老的谚语，“一个人累了也能再走完一段很长的道路。”当然，这需要并受到外界的鼓励调动人本身的动力。领导眼中的下属是什么类型的，这决定着领导者将会采用什么样的管理方式和激励措施。

（一）经济的人

亚当·斯密在《国富论》中有这样一段话：我们每天所需要的食物和饮料，不是出自屠户、酿酒家和面包师的恩惠，而是出于他们自利的打算。我们不说唤起他们利他心的话，而说对他们有好处。这是经济人假设的源头，管理者把下属看成是非理性、天生懒惰、不喜欢工作的“自然人”。20 世纪初，泰勒从企业家与工人都有的盈利心来寻求提高效率的根源，把人看成机器。他认为由于人是天性懒惰的，因此必须用强迫、控制、奖励与惩罚等措施，以便促使他们达到组织目标。大多数人缺少雄心壮志，只有少数人起统治作用，因而把管理者与被管理者绝对对立起来，反对工人参与管理，否认工人在生产中的地位与作用。20 世纪初到 30 年代，这种假设及其相应的 X 理论在当时风靡欧美企业的管理界。从某种意义上说，它改变了当时放任自流的管理状态，加强了社会对消除浪费和提高效率的关心，促进了科学管理体制的建立。

当领导者倾向于把下属看成是经济人的时候，一般采取激励员工的手段有两种：一是解雇威胁；二是工资刺激。事实证明，在许多国家和地区中，经济社会发展和福利水平已经比较高了，马斯洛所界定的低层次需求已被满足，但经济奖惩仍是非常有力的激励因素。经济型激励是有效激励人才的一个重要方法，一个组织不一定要以“多劳多得”为依据建立薪酬机制，而一定要以“高绩效、高奖励”为标杆，因为“多劳”并不意味着以“好的结果”为导向。员工的付出与回报若是不能平衡，工作动力就会减少，甚至丧失。

（二）关系的人

在社会上活动的员工不是各自孤立存在的，而是有思想、有感情、有人格的，作为某一个群体的一员有所归属的“社会人”。在许多情况下，人的社会性需求决定了人与人之间的关系和组织的归属感比经济报酬更能激励人的行为。作为一个复杂的社会成员，金钱和物质虽然对其积极性的产生具有重要影响，但是起决定因素的不是物质报酬，而是职工在工作中发展起来的人际关系。事实上，这就要求领导者除了强调工作目标（指标）的完成之外，更应注意从事此项工作的员工的关系需求。一方面，领导者不应只注意指挥、监督等，更应重视员工之间的关系培养和形成员工的归属感和整体感。另一方面，领导者不应只注意对个人的奖励，更应提倡集体奖励制度。为了调动职工的积极性，领导者就应该想方设法地使员工的社会和心理方面的需求得到满足。因为人与人之间的关系对于激发动机、调动职工积极性比物质奖励更重要。

福特公司的员工关系管理

美国著名的福特汽车公司在新泽西的一家分工厂，曾因管理混乱而差点倒闭。后来，总公司派来了一名很能干的管理者去救火。在到任的第三天，他就发现了问题的症结所在：偌大的厂房里，一道道流水线如同一道道屏障隔断了工人们之间的直接交流；机器的轰鸣声，试车线上滚动轴发出的噪声更让工人关于工作的信息交流难以实现。由于工厂濒临倒闭，前几任领导都只顾拼命抓生产任务，而将工人一同聚餐、厂外共同娱乐时间压缩到了最低。所有这些，使得员工们彼此谈心、交往的机会少之又少，工厂的凄凉景象很快使他们工作的热度大减，人际关系的冷漠也使员工本来糟糕的心情雪上加霜。最终，组织内出现了混乱，人们口角不断，不必要的争议开始增多，工厂的情势每况愈下，这才到总部去搬来救兵。

这位新任的管理者在敏锐地觉察到问题的症结之后，果断地决定：以后员工的午餐费由厂里负担，希望所有的人都能留下来聚餐，共渡难关。在员工看来，工厂可能到了最后关头，需要大干一番了，所以心甘情愿地努力工作，其实这位经理的真实意图就在于给员工们一个互相沟通了解的机会，以建立信任空间，使组织的人际关系有所改观。在每天中午大家就餐时，这位管理者还亲自在食堂的一角架起了烤肉架，免费为每位员工烤肉。一番辛苦没有白费，在那段日子，员工们餐桌上谈论的话题都是有关组织未来的走向问题，大家纷纷献计献策，并就工作中的问题主动拿出来讨论，寻求最佳的解决途径。这位管理者改善了厂里不良的人际关系，使所有员工又回到和谐的氛围当中。尽管机器的噪声还是不止，但已经挡不住人们内心深处的交流了。两个月以后，工厂业绩开始回转，5 个月以后，工厂奇迹般的开始盈利了。这个工厂至今还保持着这一传统，午餐时员工们欢聚一堂，由管理者亲自派送烤肉。

（三）复杂的人

人本身是复杂的，在复杂的、不断变换的环境中会表现出不同的人性来。人性中既有唯利是图、追求物质利益的一面，也有精神需要、追求社会责任、实现自身最大价值的一面。而且二者是个权变的过程，在物质基础很低的情况下，追求物质利益就是第一位的；在物质利益大到一定程度时，追求精神利益就成为主旋律。因为人的需求是多样且因人而异、随发展条件和情况而变化的。人在同一时间内的多种需要和动机相互作用形成复杂的动机模式。不同人对不同的领导模式有不同的反应。由于人的需要不同，能力各异，对同一领导模式，不同的人会有不同的反应。

由于历史的发展和社会的复杂性，也必然反映在人的心理活动和行为上，因此，人的价值取向是多种多样的，没有统一的追求，即使同一个人，价值取向也会因环境和条件的变化而变化。所以，不存在普遍适用的领导方式，必须充分考虑物质条件与社会心理因素、正式组织与非正式组织、组织目标与个人目标等各方面因素，以及它们之间的相互关系和变动情况，灵活地采取富有弹性的领导方式、领导方法、领导手段和领导工具，而不能用单一的、僵化的、千篇一律的领导模式。没有一种适合于任何时代、任何人的万能激励方法，不能只采取单一的激励方法，必须根据不同的人及人的变化，采用适宜的激励方法。

二、领导激励的机制

（一）原理

激励的实质过程就是在外界刺激变量的作用下，使内在变量（需要、动机）产生持续不断的兴奋，从而引起员工积极的行为反应。它以未满足的需要为基础，利用各种目标、外部诱因去激发动机，驱动和诱导行为，促进目标实现，提高需要满足程度的连续心理和行为的过程。

1. 需要、动机和行为的关系

首先，我们来看需要、动机和行为三者间的关系。人的行为是由动机决定的，而动机则是由需要引起的。当人们产生某种需要而未能满足时，就会引起人的欲望——想满足这种需要，它促使人处于一种不安和紧张状态之中，从而成为做某件事的内在驱动力。心理学家把这种驱动力称为动机。动机产生以后，人们就会寻找、选择能够满足需要的策略和途径，而一旦策略确定，就会进行满足需要的活动，随之产生一定的行为。行为的结果如果未能使需要得到满足，人们会继续努力，或采取新的行为（积极的或消极的），或调整期望目标。如果行为的结果使作为行为原动力的需要得到满足，那么人们往往会被自己的成功鼓舞，产生新的需要和动机，确定新的目标，产生新的行为。因此，从需要的产生到目标的实现，人的行为是一个循环往复、不断升华的过程。

需要说明的是，相同的需要不一定产生相同的动机。因为动机是由需要引起的，有需要才有可能产生动机。但是，需要常带有较强的客观性，而动机则是纯主观的。同样是解渴的需要，有的人想喝茶，有的想喝水，有的可能想吃西瓜，这只能说明动机不同。行为由动机决定、动机来自需要。因此，不能倒推回来说，有某种需要就有某种动机，有某种动机就有某种行为。

事实上，一个人可以同时有很多需要和动机，但在特定的时空内，这些需要和动机不可能都会引发行为。其中有一种最强的需要，在它驱使下会出现多种动机，在多种动机当中，只有一种最强的动机能产生实际的行为。

亲和动机实验

心理学家曾用实验的方法研究亲和动机。实验的被试者都是女大学生，实验的目的是观察在具有威胁的气氛下个人需要别人陪伴的行为，从而推断亲和动机与焦虑的关系。该实验将被者试分为实验与控制两组，同样参加一连串的心理实验。在实验预备阶段，先让实验组的被试者看到一些外貌丑陋甚至有点可怕的仪器，并由主试方说明将给予她们相当痛苦但无伤害的电流打击。这样做的目的，是让实验组的被试者在心理上产生较高的焦虑。对控制组的处理则不同，既不让她们看到任何形状怪异的仪器，也不恐吓她们，只简单告诉她们参加一项轻而易举的心理实验。主试者规定，被试者必须在实验开始前几分钟到达预备室等候，但允许她们可以自由选择同学为伴，也可以选择她所认识的教授为伴。结果发现：①实验组的被试者有三分之二的人选择同学为伴等候实验，但所选择的也都是同组内将要接受电击实验的人。没有人选择教授为伴，教授是不参加实验的。②控制组的被试者只有三分之一愿意有人陪伴等候。这个实验结果得出了两点启示：一是在具有威胁性的情境下，人会产生一种焦虑反应，而在焦虑时人容易产生亲和动机；二是被试者所选择的都是将与她有同样“命运”的人，也许这样她们之间彼此容易获得满足。

2. 团队激励

团队不仅具有工作群体的所有特点，而且还具有其他特点，包括成员们互相依赖地工作并能联合为绩效目标负责。团队成员的共同努力取得团队绩效，组织根据一定的绩效评估标准对团队所取得的绩效进行合理评估，按其绩效支付团队整体薪酬，组织对团队的奖励反过来强化团队绩效水平的提高。团队根据恰当的分配标准再把组织对团队的激励薪酬在团队成员之间进行二次分配，使成员个人满意度提高，从而又进一步促使团队成员为实现新的团队目标而共同努力。

激励机制对团队成员具有不同的影响，领导者采取的激励措施与团队成员为实现组织目标而付出的努力密不可分。较强的激励措施将使成员更加积极地朝领导者所期望的目标努力，从而调整个人目标与组织目标之间的差距。采取激励措施的目的是协调领导者和成员之间目标的不一致性，因此，激励措施的边际效用取决于双方目标的不一致程度。如果成员感到努力工作将很自然地给他带来收益，如项目分红、持有公司股票的升值、引起各方关注的成就感等，那么即使领导者采取的激励措施非常少，甚至在没有激励的情况下，成员也会努力地工作。此时，激励措施的边际效用就比较低。反之，激励措施的边际效用就比较高。

3. 组织激励

激励机制在组织中的作用是显而易见的，它不仅可以充分调动员工的积极性和创造性，提高组织绩效，而且有利于创立一种组织文化，形成全企业尊重知识、尊重人才的风气和努力进取、奋发向上的氛围。如果员工的工作动机得到了很好的激发，其工作水平就有可能发挥到最高。反之，他就不可能有努力工作的积极性，就会“做一天和尚撞一天钟”，得过且过，而且牢骚满腹，不仅不能发挥正常的能力业务水平，而且还会成为组织中的不稳定因素，扰乱组织的正常秩序，影响组织的工作绩效。

根据组织的特点而采用不同的激励机制，比如可以运用工作激励，尽量把员工放在他所适合的位置上，并在可能的条件下轮换一下工作，以增加员工的新奇感，从而赋予工作以更大的挑战性，培养员工对工作的热情和积极性。另外，可以通过鼓励引导员工参与，形成员工对组织的归属感和认同感，进而满足他们的自尊需要和自我实现的需要。事实上，激励的方式多种多样，领导者应该积极探索适合本组织行业特点的有效方式，制定出相应的合理制度，以及创建合理的组织文化，这样综合运用不同种类的激励方式，就可以激发出员工的工作积极性和创造性，从而使组织绩效得到全面提升。

（二）功能

激励机制一旦形成，就会内在地作用于组织系统本身，使组织机能处于一定的状态，并进一步影响着组织的生存和发展。激励机制对组织的作用具有两种性质，即增强性和致弱性，也就是说，激励机制对组织具有增强作用和致弱作用。

1. 增强作用

激励机制对员工的某种符合组织期望的行为具有反复强化、不断增强的作用，在这样的激励机制作用下，组织不断发展壮大，不断成长。这样的激励机制就是良好的激励机制。一个组织通过建立绩效考核系统和合理的劳动报酬系统，来满足员工追求自身利益最大化的需要，就可以形成较好的物质层面的激励机制。而一个组织有意识地概括、总结、提炼而得到确立的思想成果和精神力量，也可以激发员工的参与积极性，引导他们的组织公民行为。当然，在良好的激励机制之中，肯定有负强化和惩罚措施对员工的不符合组织期望的行为起约束作用。激励机制对员工行为起增强作用的前提是领导者能够找准员工的真正需要，并将满足员工需要的措施与组织目标的实现有机地结合起来。

2. 致弱作用

强化理论告诉我们，为了达到某种目的，个体会采取一定的行为作用于环境，当这种行为的后果对他不利时，这种行为就减弱或消失。尽管激励机制设计者的初衷是希望通过激励机制的运行，能有效地调动员工的积极性，实现组织的目标。但是，无论是激励机制本身不健全，还是激励机制不具有可行性，都会对一部分员工的工作积极性起到抑制作用和削弱作用，这就是激励机制的致弱作用。在一个组织当中，当对工作积极性起致弱作用的因素长期起主导作用时，组织的发展就会受到限制，直到走向衰败。因此，对于存在致弱作用的激励机制，必须将其中的去激励因素根除，代之以有效的激励因素。

三、领导激励的实质

大量实践表明，领导的过程就是影响的过程，这里的“影响”既有领导者对下属的影响，同时也有下属对领导者的影响。因此，从整体来看，领导激励存在相互影响、共同发展的目标一致性。

（一）积极影响

影响就是有效改变和影响他人心理和行为的一种能力或力量。任何领导活动都是在领导者与下属的相互作用中进行的。领导工作的本质就是人与人之间的一种互动关系，在领导过程中，权力因素和非权力因素共同决定着影响效果。

1. 影响个人

就个体而言，领导者和下属都在同一个工作单位或部门，仅存在身份和角色上的差异。领导者掌握着法定性的权力，在接受工作任务或者确定好本单位的工作目标以后，领导者就会根据经验、学识等进行判断决策，并把工作任务布置给下属，让其完成。所以，这时的领导者与下属的关系像是一对多的关系，具有发散性互动影响力。而对于领导者的个人能力、魅力等非法定性权力因素来说，他们对下属个体，尤其是认同领导者高威望的下属个体，影响非常持久有效。另外，领导班子作为一个单位的领导集体，也会对下属个体产生一定的影响。这种影响多属于法定性权力的影响。一般来说，领导班子凝聚力越强，影响力也就越大越持久。当然，下属在接受和执行工作任务的过程中，随着工作的不断推进，也会影响到领导者的再思考、再决策。

2. 影响集体

激励不仅仅直接作用于一个人，而且还直接、间接地影响到周围的所有人。不管是领导者个人，还是一个领导集体，都会营造一种工作氛围。任何人都喜欢在轻松、愉快的环境中工作，这样的工作环境会使他们更有效率、更愿意工作下去。因此，良好的工作氛围是影响集体最有利的武器。另外，设计出合理的工作制度，可以有效地避免责任推诿，减少内耗。俗话说：革命不分先后，功劳却有大小。建立以“业绩”为导向的绩效考核机制，对于调动下属的工作积极性非常重要。一个企业通过加强企业文化建设，提高企业向心力和凝聚力，这就是企业发展的内部动力源泉。组织文化可以增强下属的文化认可和归属感，这种认可和归属感将是他们工作的不竭动力，有一种“士为知己者死”的影响效果。

（二）共享发展

有一种比较新的管理思想叫共享领导，即由领导者和其下属成员组成的管理团队来共同承担领导责任，领导者必须摆脱传统独自负责和控制一切的观念，使下属成员更愿意担任责任并更具有主动性。团队的所有成员充分参与团队的领导，为最大限度地发挥团队的潜力而毫不犹豫地进行指导和影响团队其他成员，从而实现共享发展。一个组织中并非只有顶着领导头衔的领导才需要领导别人，领导者要让每个下属通过日常工作与生活经验培养积累而获得领导能力，使每个人都成为主动者，成为自己的领导。每个员工通过自我潜能的激发和自我能力的开发，形成一种自我激励与自我约束的动力，对组织的事业与目标充满激情，自觉自愿地全心投身于工作，不断去实现与超越目标。一个具有高度竞争力的企业，一定是共享领导、共享发展的，而非传统认为的只是由上而下地灌输，唯有能持续地在各阶层培养出领导者的组织，才能适应日新月异的外部环境。

CHAPTER 02

第二章

中国管理文化中的激励

"水不激不扬，人不激不奋。"激励是人类文化思想的一个重要方面，具有超越时空的管理功能。在我国这样一个东方文明古国中，灿烂的文化和辉煌的历史告诉人们，这里的激励思想和激励实践无比丰富、令人羡艳。

第一节　古代激励思想的演变

先秦时期是我国历史上的剧变时代，中央政府只是象征性地存在，诸侯各自为政，相互吞并，战争频发。维护贵族利益的奴隶制度崩溃后，庶民阶层日益兴起壮大，封闭式的社会逐渐解体，半开放社会就此形成。此时，诸子百家如"儒""道""法""名""墨"，各凭所学，提出救世主张，此为我国古代激励思想的滥觞时期。后来，我国经历了漫长的封建时期，积累了诸多主要用于治国与军事斗争行之有效的激励实践经验。这些经验侧重于心治，主张用一种理论来统一全体人民的思想，达到一种团结、和谐、万众一心的状态，对精神教育要求高。另外，它们还侧重于修身、教化和疏导来形成激励。

一、道德为先

道德是一个国家赖以存在和得以治理的根基，我国传统儒学一直致力于道德教化，竭力倡导“道德为先”。自古以来，“刑德”就被认为是经世济民的“二柄”。在涉及为政问题时，儒家明确提出“为政以德”。孔子说过，“道之以政，齐之以刑，民免而无耻；道之以德，齐之以礼，有耻且格”。（《论语·为政》）他的意思是告诉人们，为政者仅仅依靠法令来统治，会让百姓惧怕惩罚而不敢犯罪，但是无法形成善恶观念；如果能以道德仁礼来管理国家，百姓就会形成善恶观念，耻于犯罪，从而自觉遵守统治者倡导的秩序。

“道德为先”包含两层意思，第一层是以道德作为政治的根本纲领。《礼记》中说道“父慈、子孝、兄良、弟悌、夫义、妇听、长惠、幼顺、君仁、臣忠十者，谓之人义”，由父子推及君臣。这种建立在伦理道德基础之上的治理思想就是礼治。在儒家思想占统治地位的社会里，“礼治”不仅在政治制度上有明显的体现，而且在整个社会也有规范作用。因此，那些饱经儒家伦理道德熏陶的官员们信奉“自古帝王得天下以得民心为本，失其心则失天下”的思维逻辑。

第二层是以统治者自身的道德去感化百姓。正人正己，成己成物是儒家的思想传统。统治者是风化之源，他自身的行为首先必须是他所期待的民众行为的典型，对民众起到表率和感化作用。孔子说过：“上敬老则下益孝，上尊齿则下益悌，上乐施则下益宽，上亲贤则下择友，上好德则下不隐，上恶贪则下不争，上廉让则下耻节，此之为七教。七教者，治民之本也，政教定，则本正矣。凡上者，民之表也，表正则何物不正？”（《孔子家语·王言解》）

从这个意义来看，道德为先所倡导的伦理逻辑就是一种从道德的自我

“修身”开始到“齐家”再到“平天下”的道德激励模式。

二、无为而“励”

“无为”是源自道家的基本思想，首先由老子提出。在《道德经》的五千言中，有10个章节和12处讲到了“无为”，其中包括领导的处事、领导的管理、领导与群众之间的关系等，老子所说的“无为”并不是让领导者什么都不做，而是通过“无为”达到“有为”。我们当前倡导的简政放权就是一个最好的注解，放权和削权可说是政府走向“无为”的努力。“无为”最突出的激励方式就是授权。选择合适的人来做合适的事，是领导者的职责之一。

汉文帝丞相陈平深谙道家“无为”管理之道。有一次，汉文帝临朝问道：“天下一岁，决狱几何？”“天下一岁，钱谷出入几何？”右丞相周勃愧不能对，汗流浃背，而左丞相陈平则回答：“有主者。”文帝又问：“主者谓谁？”陈平答曰：“陛下即问决狱，责廷尉；问钱谷，责治粟内史。”文帝反问陈平：“苟各有主者，而君所主何事也？”陈平回答：“主臣……宰相者，上佐天子理阴阳，顺四时，下育万物之宜，外镇抚四夷诸侯，内亲附百姓，使卿大夫各得任其职焉。”文帝非但不责怪他，反而“称善”。（《史记·陈丞相世家》）荀子认为君主的职责就是选择一个好宰相。这样，宰相便可以率领百官朝着正确的方向努力使得天下统一。所谓“君忙国必乱，君闲国必治”。对于领导者来说，最少的管理才是最好的管理。如果领导者事事亲力亲为，不但精力不允许，而且也难以把事情真正做好，同时还可能造成个人的专断和独裁，从而使员工滋生不满情绪。更会促使一些依赖性强的员工，将领导者看成一个解决问题的人，事事都要领导者代劳，必然使得整个团队的创造性和积极性下降。事实上，管理应该追求可持续的动力激励机制，追求持久的管理效果，这样，领导者管理理念才会根植于团队成员的思想之中，也只有使管理维持持久的激励效能，才是最符合规律的。

孙叔敖的“无为”

《庄子·田子方》里有这样一则故事，说的是楚国著名贤人孙叔敖三次为相、三次罢相的心态。有一天，有位高士问孙叔敖，楚王三次任用你为国相，又三次罢免你的相位，但是我们看到你做宰相的时候没有盛气凌人，显露荣耀，罢相的时候也没有看到你沮丧、愁苦的神态，开始我们以为你只是做做样子，可现在看到你依然是若无其事的样子，也不像装出来的，那你是怎么想的呢？孙叔敖笑了笑说：“我和你们一样，没有什么过人之处，不过是因为官位到来，我不能推辞，官位离去，我不能阻止罢了。官位的得失都不取决于我，因此我也没有忧愁。”

第一，遵循规律，不妄为。老子说：“道常无为而无不为”，而“道法自然”。因此，只有在尊重客观规律的情况下，充分发挥主观能动性才能有所收获。如果违反客观规律的有为，那就是妄为，其结果也必然“为者败之，执者失之”。

第二，依“无为”，行“无事”。一个组织中，领导者应当依照“无为”的原则，扮演教练的角色，而不是运动员，要将大部分日常事务甚至是很棘手的事情授权下属去办，让他们各显其能，这就使领导者显得无事——无小事，从而可以将更多的时间和精力用于考虑大事——比如战略与用人。相反，如果无论谁有事都去找领导，而领导者本人也很乐意去处理那些琐碎的事情，看似“有所作为”，实则不务正业，这种“捡芝麻丢西瓜”的有为，最终会导致领导者对事业无所大作为。

第三，依“无为”原则，留进退余地。由于领导者行“无事”，这就给了下属极尽智慧、倾其才能大展抱负的机会。一旦他们取得了成绩，领导者同样也可以获得好评。老子说："是以圣人后其身而身先，外其身而身存。非以其无私耶？故以成其私。"这样的话，工作时让别人多努力"先其身"，自己"后其身"，当取得实效后，别人就会将你推到"身先"的位置，何乐而不为？这就是有进的余地。况且，当下属工作出错或者无能为力时，领导者再出面也不迟。

三、信赏必罚

"信赏必罚"就是有功劳的一定奖赏，有过错的一定惩罚，赏可以鼓励将士奋勇杀敌，罚可以警示将士违反军纪。"信赏必罚"是激励斗志、提振士气的重要方法，对一支军队所向无敌、战无不胜作用非常之大。领导干部要善于运用"信赏必罚"这一激励方式。《宋史·兵志》中讲："杀之贵大，赏之贵小。"就是说，惩罚最重要的是惩罚那些当权的大官，奖赏要注意奖赏小人物。赏不忘小，方能取信于全体；罚不畏大，才可立法之威严。

《韩非子·外储说右上》中记载，一次，晋文公问大臣狐偃如何动员民众打仗，狐偃回答："信赏必罚，其足以战。"文公又问："刑罚之极安至？"回答说："不辟亲贵，法行所爱。"文公说："善！"为检验"信赏必罚"效果，第二天晋文公下令在圃陆打猎，以中午为期，迟到者军法从事。晋文公宠臣颠颉恰恰迟到，开始晋文公不忍惩罚，经执法官再三请求，最终杀了颠颉，表明了晋文公"信赏必罚"的决心。从此，晋国走上了霸业之路，成为"春秋五霸"之一。

曹操割发代首

曹操在赏功罚过、奖善罚恶方面可谓理论实践集于一身。《三国志·魏书》中记载，他“攻城拔邑、得美丽之物，则悉以赐有功，勋劳宜赏，不吝千金，无功望施，分毫不与，四方献御，与群下共之”。有一次曹操骑马正在走路，忽然，田野里飞起一只鸟儿，惊吓了他的马。他的马一下子蹿入田地，踏坏了百姓的一片麦田。曹操立即叫来随行的官员，要求治自己践踏麦田的罪行。官员说：“怎么能给丞相治罪呢？”曹操说：“我亲口说的话都不遵守，还会有谁心甘情愿地遵守呢？一个不守信用的人，怎么能统领成千上万的士兵呢？”随即抽出腰间的佩剑要自刎，众人连忙拦住。这时，大臣郭嘉走上前说：“古书《春秋》上说，法不加于尊。丞相统领大军，重任在身，怎么能自杀呢？”于是，曹操就用剑割断自己的头发说：“那么，我就割掉头发代替我的头吧。”曹操又派人传令三军：丞相践踏麦田，本该斩首示众，因为肩负重任，所以割掉头发替罪。剪头发本是一件很正常的事，可是，古代人认为，头发是从父母那里继承来的，随便割掉不仅大逆不道，而且还是不孝的表现。曹操能够割发代首，严于律己，实属难能可贵。

韩非认为赏罚是君主手中的“二柄”，在实施过程中需要注重公平性，这是贯彻法令的关键所在。越王曾向文种大夫问道：“我打算攻打吴国，可以吗？”文种回答说：“可以的。如果我们奖赏厚重并且守信，惩罚严厉并且果断，攻取吴国是没有问题的。您要想知道这事的结果，为什么不用焚烧宫室来检验一下呢？”于是，越王就下令焚烧宫室，可是没有人去救火。于是，越王又下令说：“救火的人，如果死了，比照为抗敌而死给予奖赏；去救火却没有死的人，比照战胜敌人给予奖赏；不去救火的人，比照投降败走治罪。”命令下达后，很多人开始涂抹身体，披着湿衣服奔向火场，这是赏罚的力量。

第二节　古代激励的方法举要

早在西方激励理论提出2000多年前，我国古代的政治家、军事家、思想家通过总结治国统兵的实践经验，研究并提出了一系列激励的方法。研究和借鉴这方面的成果，对于当代领导者、管理者提高领导能力和管理水平是大有裨益的。

一、士为知己者死

让下属死心塌地地跟着自己是一件难事，但并非不可能，如果多从他们的利益出发考虑问题，懂得下属、赏识下属、信任下属，是赢得下属忠心的前提条件。

春秋四大刺客之一——豫让在屡屡不得志时得到了智伯的重用而心怀感激，后来，智伯在一次利益争斗中被赵襄子所杀，豫让一次又一次地为主人报仇，以至让赵襄子为之感动。多次刺杀未遂后，他请求赵襄子把外衣脱下来，让他象征性地刺杀，以了却自己的心愿。赵襄子满足了他这个要求，派人拿着自己的衣裳给他。他拔出宝剑多次跳起来击刺它，三剑过后，他仰天大呼，“上天啊上天，我终于报答智伯知遇之恩了，黄泉相见也可以交差了”，然后从容自刎。孙武在《地形篇》中分析道：“视卒如婴儿，故可以与之处深溪；视卒如爱子，故可以与之俱死。”将帅们如能像对待自己的爱子一样对待士卒，就能取得士卒的信任，使之甘愿追随自己赴汤蹈火，这样的队伍就会无往而不胜。

刘备三顾茅庐，用那份真诚感动了诸葛亮，诸葛亮感激涕零，用了一生的精力和智慧来报答刘备。诸葛亮也说过：“古之善将者，养人如养己子，有难，则以身先之，有功，则以身后之，伤者，注而抚之，死者，哀而葬之，饥者，舍食而食之，寒者，解衣而衣之，智者，礼而禄之，勇者，赏而劝之。将能如此，所向必捷矣。”（《诸葛亮兵法·哀死》）大意是说，善于统帅的人对待下属犹如对待自己的子女，有困难就身先士卒，有功劳就先让于他们；对受伤的人，就哭着安抚他；对死了的人就悲痛地将他埋葬；对饥饿的人就拿食物给他吃；对衣着单薄的人，就解自己的衣服给他穿上；对贤人智士，以礼相待；对勇猛的人要加以赏识，劝其留下。将帅如能做到这些，在战场上定能所向披靡，连连告捷。

关爱作为激励的一种形式，是领导者与下属做成知己的重要条件。《吴起传》中详细描绘了吴起对待将士的情感与关爱，使我们能够切身体会到吴起带兵打仗取得胜利的原因所在。吴起在魏国为将时，他同士兵们穿一样的衣服，吃一样的饭菜，睡觉不另设床铺，行车不乘坐马车，他还跟士兵一样亲自背粮食，衣食住行没有丝毫特殊，跟士兵同甘苦、共命运，与士兵们亲如父子，情如一家人。有一个士兵在与敌人交战时受了伤，由于没有得到及时的救治，伤口化了脓，吴起为了使这个士兵的伤口早日愈合，用嘴给这个士兵吸脓。这个士兵的母亲听了不禁痛哭起来。原来，这个士兵的父亲身上也是长了脓，吴起也是为他吸脓，这位父亲痊愈以后，为了报答吴起的恩德，又上了前线参加战斗，英勇杀敌，不久就在战场上牺牲了。这位母亲从直觉上认识到吴起如此爱护她的孩子，必将使他像他父亲一样，为报吴起厚爱之恩，从而大大激发他的战斗意志和牺牲精神，终将战死沙场。情感是调节人行为的驱动力，当成员们的情感有了更多的认同时，他们的依恋性就会越来越强，由此产生的凝聚力、责任感都是强大的。“人之力发自于心，心旺则事盛”就是这个道理。

二、上下同欲者胜

上下同欲者胜，即组织上下同心同德、众志成城、齐心合力、鼓足干劲、劲往一处使能够转化成强大的竞争力，取得作战的胜利。《孙子·谋攻》提道："故知胜有五：知可以战与不可以战者胜；识众寡之用者胜；上下同欲者胜；以虞待不虞者胜；将能而君不御者胜。""上下同欲"的核心就是目标一致，只有目标一致才能"团结与合作"，才能实现"胜"的目标追求。

贞观初年，天下大旱，关中百姓有的卖儿卖女。唐太宗李世民为了社稷安定，曾祈求上天，可天气不给力，唐太宗又要开渭河引水灌溉，又遭到大臣的反对，大臣们说，开渭河会像隋炀帝开运河那样连累百姓，使天下怨声载道，让唐太宗慎思。唐太宗李世民慎思之后，再次上朝。唐太宗面对众臣说："前日上朝，诸位爱卿担心朕将如隋炀帝那样，开渭河连累百姓，使天下怨声载道，劝朕慎思。朕慎思再三，辗转反侧，夜不能寝，朕终于想通了。古时大禹开山治水，跟从他的百姓历尽艰辛，无一人怨恨，那是因为大禹能够与百姓同苦同利。隋炀帝开运河，修建奢侈的宫殿，图的是一人私欲，损害的是天下臣民，所以百姓揭竿而起，推倒了风行万里的大隋。今日朕开渭河，为的是百姓，图的是五谷丰登。朕不敢说与大禹同举，但朕愿效仿大禹，与百姓同苦同利！"朝臣无言地看着唐太宗。唐太宗对众臣说："今日朕身体力行，亲往渭水开河。朕不诏命你们，愿跟从朕的，朕欢迎，不愿跟从的，朕也不责怪。"

唐太宗这种"与民同利"的思想具有"上下同欲"的极大激励作用。军队战斗力的强弱、企业绩效的好坏很大程度上取决于上下有没有共同目标，能不能团结一心，步调一致。上下同心同德则无往而不胜，上下离心离德则一盘散沙，不攻自破。清朝雍正皇帝所著《朋党论》更是系统、深入地论述了拉帮结派、拉山头、搞窝里斗的危害性。他指出要做到“上下同欲者胜”，就必须反对那些不正当的行为，主张团结互助，一切要以事情的是非对错为依据，而不是以个人情感上的亲疏远近为依据来判断是非。

任何一个组织，都由一个个不同的个体组成。什么样的组织才有战斗力，才能充分发挥组织中每个人的内在潜能，一直是领导者需要努力思考的问题。《周易·系辞下》中有一句名言:“君子上交不谄，下交不渎。”“同欲”突出了人和同心的重要性，作为领导者只有让下属充分认识到统一、崇高的共同目标，使整个组织成员团结一致、同心协力才能增强组织的凝聚力和战斗力，并以此去争取伟大的胜利。

三、子帅以正　孰敢不正

中国古代管理非常强调领导者道德素质的重要性，崇尚“道德教化”和“正己正人”的管理方式。“正己而不求于人，则无怨”“诚者，非自成己而已也，所以成物也。成己，仁也；成物，知也”。端正自己与他人，成就物业为自我。从管理学的角度来说，最佳的管理行为都应是以双向约束为基本要求的，不仅约束他人行为使之端正，同时也使自己的行为得以规范。

“正己”为“正人”的前提，如果连自己都不能“正”，岂能奢言正人。我国古代管理思想的本质是“人为、为人”。个人首先要注意自身的行为修养，“正人必先正己”，然后从“为人”的角度出发，来从事、控制和调整自己的行为，创造一种良好的人际关系和激励环境，使人们能够在激发状态下工作，主观能动性得到充分的发挥。管理是一个“修己安人”的过程，一切管理都以“修己”作为起点，最终达到“安人”的目标。其实，“安人”的终极目标还是为了搞好管理。

“将帅律己，身先士卒”。领导者、治军者严于律己，身先士卒，以自身的模范行动感化士兵、召唤士兵和激励士兵是非常重要的。孟尝君总结出“律己足以服人，身先足以率人”的领导和激励法则。诸葛亮在《将苑・厉士》中也做出了：“先之以身，后之以人，则士无不勇”的精辟论述。同样在古代的战争实践中，政治家和军事家们对“将帅律己，身先士卒”都有着深刻的感性认识，如《史记・淮南衡山列传》中写道：“当敌勇敢，常为士卒先。”而在《资治通鉴・隋纪炀帝大业九年》中，唐玄宗也总结道：“玄感每战，身先士卒，必所向摧陷。”可见，我国古代对“将帅律己，身先士卒”的激励作用，是有着很深的思想认识的。

所谓“上梁不正下梁歪”“上有所好下必甚焉”。从某种程度而言，一些不好的风气能够盛行，离不开一些领导者的推波助澜。要改变这些不良风气，必须从领导者做起。领导者率先垂范，就能打消社会上很多人的观望思想，往往能够事半功倍。如果只拘泥于个人利益，不断地对下属“号召”“强调”“要求”，就难以服众，得不到下属的拥护和支持，没有了权威，没有了形象，工作自然也难以推动。

第三节　对现代管理的启示

一、重视军队管理中的激励

我国古代从公元前 30 世纪传说的神农时代起，至公元 1911 年清朝灭亡止所经历的大大小小战事无数，一个王朝想长期执政，最重要的就是把自己的军队战斗力变得最强。因此，调动士兵的积极性是首当其冲的。

春秋战国时期，秦国以弱势击溃优势的楚、魏、齐，灭天下诸侯而使山河归一统，很大程度上得益于严明的奖罚激励制度。秦国的制度规定，凭借获得的成功可以换取良田奴仆，加官晋爵，摆脱奴隶身份，并以之激发秦国军士的机智勇敢和奋勇杀敌的决心。所以，秦国军队强大的战斗力，不只是在于秦军先进的武器装备，还在于严明的奖罚激励制度。春秋战国时期，战乱纷争不断，广大民众无温饱自由，长期限于恐惧不安中，亟须摆脱困境，而秦国的奖罚激励制度，恰好符合民众的心理，表现出极大的优越性和诱惑力。正是这种优越性和诱惑力，使秦国在200多年的征战中脱颖而出，同八荒而灭六合，统一天下。诸葛亮论述说："赏罚之致，谓赏善罚罪也。赏以兴功，罚以禁奸。赏不可不平，罚不可不均。赏赐知其所加，则邪恶知其所畏。"只有做到赏罚分明，才能对良善功将有所激励发扬，对奸恶无功有所畏惧，以确保管理组织的正常科学运转。

所以，在和平和发展的时代，领导者要充分借鉴一些重要的激励士兵方法，特别重视对成员群体的激励，增强他们对组织的归属感。可以更多地采用群体激励的方法来提高组织的劳动生产率、产品质量、员工士气和降低生产成本等。受制于我们的传统文化，在崇尚集体主义的社会当中，领导者一般比较注重整体的利益和公众的利益，以群体为激励单元的激励措施的实施，突出团队的努力和集体的回报，通过激励制度的合理设计来培养成员群体的集体认同感，从而促进和谐的上下级关系和良好的组织氛围。

二、突出心治的重要功能

我国古代强调心治，重视精神激励。《管子·心术篇》中说："心安是国安也，心治是国治也，治也者治心，安也者安心。"这里实际上已提出了心治为管理之要的思想。中国古代统治者历来重视塑造人的精神，主张通过教育来造就理想的统治者与被统治者。一直坚持用一种理论来统一民众的心志，向臣民灌输儒家思想，教育臣民要"忠""孝""仁""义"。对那些精忠报国忍辱负重的"君子"，大力宣扬，使之成为万众学习、崇拜的楷模；对那些不忠不孝的“小人”，极力贬斥，使之为民痛恨。这些教育极大地激励人们去做“君子”，去“忠君勤王”“舍生取义”，从而在国家、军队组织中产生一种具有很强凝聚力的整体精神。

《管子·八观》中说：“背人伦而禽兽行，十年而灭。”《孟子·滕文公上》也指出：“人之有道也，饱食暖衣，逸居而无教，则近于禽兽，圣人（指舜）有忧之，使契为司徒，教以人伦：父子有亲，君臣有义，夫妇有别，长幼有叙，朋友有信。”儒家认为领导者要管理好天下，使天下太平，就必须得到人民的拥护，最根本的就是得民心。“桀纣之失天下也，失其民也，失其民者，失其心也。得天下有道：得其民，斯得天下矣；得其民道：得其心，斯得民矣；得其心有道：所欲舆之聚之，所恶勿施，尔也”。(《孟子·离娄上》）孟子不仅透辟地分析了桀纣失天下的原因在于失民心，而且指出了得民心的方法，即要满足人民的需要，不去做人民痛恶的事情。

儒家既主张和为贵，又主张竞争。首先“和”是有原则的和，其次是以和为主，以竞争为辅。“和”是目的，竞争是手段，正是为了在更高层次上取得“和”。竞争不排斥人和。和谐的工作氛围能产生巨大的组织凝聚力，形成员工工作的强大动力。在现代管理中要强调员工之间的平等，消除领导者与下属之间的鸿沟，加强心灵沟通，构建和谐的组织文化氛围。

三、崇尚以人伦为主的激励

古代要实现社会公正，维护统治阶级利益，不仅需要依靠道德的力量节制人们的欲求，而且要“定立完整和良好的法规”来约束人的不合伦理的行为。其中儒家把夫妇、父子、兄弟、君臣、朋友 5 种最具典型性的人际关系归纳为“五伦”，提倡夫妇互相爱敬、父慈子孝、兄友弟恭、君义臣行、交友以信等品德，以期人与人之间和睦相处，从而达到社会的和谐安定。

日本近代工业之父涩泽荣一以“论语加算盘”的理论阐明了道德在经营活动中的重要作用。以儒家学说为代表的东方管理文化注重的是通过提高人的伦理道德修养，达到“修己安人”的目的，从而达到“内圣外王”的最高境界。如何才能使一个人成为德才兼备的人呢？孔子提出了“修己”的方法。具体说来，孔子所说的修己的内涵主要包括仁、义、礼、智、信五大方面。荀子说：“君者舟也，庶人者水也。水则载舟，水则覆舟。”（《荀子·王制》）

一个人的思想和行为真正体现了“民本”，就意味着他的道德修养达到了很高的水平。因此，道德与行事是联系在一起的。一个人的道德修养越高，他越是明白事理，他立身处世也就越能顺从民意，并且能够为广大百姓办实事办好事。同样，一个人为百姓办的好事越多，说明他的道德修养越高。这也是古代士大夫们为之奋斗的目标。唐太宗李世民在随其父李渊共同征战的过程中积累了丰富的战争经验、斗争经验，才有了他 19 岁举兵起事，24 岁时和父亲李渊完成了大唐王朝的统一。李世民创业、统一全国的战争过程体现了他杰出的军事才能，同时也锤炼了他识人、用人的本领，并且使他了解民生疾苦，懂得如何尊重民心，如何赢得民心。

C H A P T E R 0 3

第三章

激励的艺术

激励艺术是领导艺术的一项重要内容。在竞争激烈的现代社会环境中，无论是党政机关的领导者，还是企、事业单位的领导者，拥有一套高超的激励艺术，能充分调动下属工作的积极性与创造性，达到事半功倍的效果。

第一节　激励“三要素”

激励要素是指能够对被激励者的行为产生刺激作用，从而调动其积极性的要素，它能够代表被激励者最本质的需求，只有当设定的激励活动或目标能够满足某种激励因素时，才会使被激励者产生满意感，从而产生效用价值。一般而言，激励要素包括物质要素、精神要素和知识要素三个方面。

一、物质要素

物质要素是人为了满足物质生活需要应具备的物质资料。反映这种要素的需求就是物质需求，也是人的物质生活的愿望和要求，如人对衣服的需要、对房屋的需要、对劳动工具的需要等。需要层次理论告诉我们，物质需要是人类的基础性需要之一。因此，衣、食、住、行等生存方面的物质需要决定着人们生活的质量。但是，从本质上来说，人们的物质需求是非常有限的。在一个组织中，实施激励的物质要素主要有薪资、福利和股权等。

（一）薪资和福利

一旦员工进入了组织，大多数需要满足的物质要素就是指员工的薪水和福利。金钱不是万能的，但是没有金钱是万万不能的。金钱作为一种激励因素，在过去、现在还是将来是永远不能忽略的。无论采取工资的形式，或任何其他鼓励性报酬，金钱总是重要的因素。虽然部分工作条件、工作环境也属于物质要素，但是，按照激励的效用来看，这些并不能产生根本的激励效果。作为员工的薪资，实际上就是员工的所有劳动收入，按其性质不同可分为基本工资、奖金、津贴和补贴等几部分。此外，一个单位还应当替员工考虑住房、医疗、各种保险等，以最大限度地保证员工没有经济上的后顾之忧。

珠海的重奖

1992年珠海市落实“科学技术是第一生产力”而实施的重奖让人记忆犹新。那是自新中国成立以来给予科技人员最高的奖励。特等奖首席获得者迟斌元，珠海市生化制药厂厂长、高级工程师。获奖项目：凝血酶。奖品：奥迪小轿车一台，香洲胡椒园新村住宅一套；奖励他和他的助手荣延平等人的奖金21.9804万元。特等奖首席获得者迟斌元激动地说道：“真是做梦也没有想到……”“我们是中国知识分子中最幸运的人……”“中国千千万万知识分子、科技人员施展才华的大好时光到来了……”珠海的重奖不仅调动了广大知识分子的积极性，而且促使整个社会对知识人才的尊重。正如珠海一位个体户在教育他的儿子时说："过去只听说过做生意能赚钱，想不到现在搞科技也能致富，你一定好好读书，争取将来也得个重奖。"重奖体现的是对知识和知识分子的尊重，它是物质的、经济的，但是它也同时满足了获奖者的精神需求，使其劳动价值得到了社会政治上的承认。

一般而言，基本工资必须能够维持员工的基本生活需要，能够保证员工的亲人子女的生活和教育需要。基本工资具有常规性、固定性和稳定性的特征，它是满足员工生理需要的一个最基本的层面。它在解决了员工的基本生活需要的同时，也增强了员工对单位的信任，使员工有了一定的心理安全感。但是，需要指出的是，不同员工由于其工作能力、教育背景、贡献大小不同，基本工资数额也会有所不同，这也使员工获得心理上的成就感和满足感，起到一定的精神激励作用。奖金是对工资制度的补充，是对员工超额劳动或者增收节支的一种报酬形式。奖金制度具有较强的针对性与灵活性，有很强的激励功能。由于员工的价值观、素质和需要不同，实行奖金制度要认真研究，如果运用不当，不仅会加大奖励成本，起不到激励效果，反而会挫伤员工的积极性。津贴、补贴是为了弥补特殊的工作环境和工作性质对劳动者所造成的伤害而给予的物质补偿。比如出差补贴、交通补贴、住房补贴、特殊津贴等。它一方面是员工的权益，另一方面也是组织关心员工的特殊体现形式。福利是指组织在保障员工的基本正常生活的同时，在工资、奖金之外向员工及其家属提供的货币、实物和各种服务。福利的形式多种多样，具体有住房、免费工作餐、带薪假期、集体旅游、带薪学习培训、医疗保险和养老保险等。福利的高低反映一个单位实力的大小，是人才竞争力的重要因素之一。

（二）新型物质激励——股权

相对于以“薪水、福利”为基本特征的传统薪酬激励体系而言，股权激励使组织与员工之间建立起了一种更加牢固、更加紧密的战略发展关系。研究发现，基本工资和年度奖金已经不能充分调动组织中的部分高级管理人才的工作积极性，尤其是对长期激励很难奏效。而股权激励作为一种长期激励方式，是通过让经营者或单位员工获得单位股权的形式，或给予其享有相应经济收益的权利，使他们能够以股东的身份参与组织决策、分享利润、承担风险，从而勤勉尽责地为组织的长期发展服务。一般而言，只有当企业的市场价值上升的时候，享有股票期权的人方能得益，股票期权使雇员认识到自己的工作表现直接影响到股票的价值，从而与自己的利益直接挂钩。比如一家新企业创建的时候，一个员工得到股票期权 1000 股，当时只是一张空头支票，但如果企业经营得好、发展得不错，在一两年内成功上市，假定原始股每股涨至 10 美元，那么这位员工就可以得到 1 万美元的报偿。

蒙牛的“金手铐”

2009 年 11 月 25 日，蒙牛乳业（HK 2319）在香港联交所发布公告称，将向公司董事及员工授出 8902.5 万股期权作为股权激励计划，此次激励计划涉及蒙牛 700 多位资深创业员工和管理人员，可以说涵盖了蒙牛这支中国乳业梦之队的所有骨干成员。这个中国乳业的龙头企业，其管理费用、财务费用、营业费用一直低于行业平均水平，利润率却遥遥领先，并且凭借特仑苏摘得世界乳业最高奖项。所有这些靠的就是它出色的管理和研发团队。在中国乳业全面复苏的时代，人才成为各大乳企争相抢夺的香饽饽，如何锁定这个团队，提升管理层和核心团队的战斗力，股权激励计划显然不失为一剂妙药。它像一副“金手铐”，用期权保证了蒙牛高管和核心团队长时间的稳定。

随着人类社会的发展，人的物质需求被越来越多地开发了出来，应当引起我们的重视。除了解决温饱的物质需求外，建立在美、成功、被尊重等需求之上的物质需求被分成越来越多的档次，如衣服有品牌的区别、汽车有档次的高低等。这些区别在一定程度上异化了人们的心理，导致了对“物质需求”片面和错误的追求，甚至不择手段、损人利己、贪污挪用、误入歧途。爱因斯坦曾说过，“只要那些少了不行的，有了就够的”。在他名扬四海之后，他需要的也只有一个看书的地方，加上一支笔，一叠纸，一个散步的环境，别无他求。物质的需要应该是有合理边界的，这个边界就是建立在正确的人生观、世界观基础上的，通过辛勤劳动所得到的同劳动力价值等同的社会回报和总体生产力水平相适应的合理的社会回报。

二、精神要素

随着经济社会的不断发展，人们的物质需求正在以各种方式获得满足，对于一个组织，实施激励的要素应该多向精神要素转变。这并不是否定了物质要素的激励功能，它依然十分重要和奏效，但是当社会地位、社会认可等精神要素变得更为重要，变得可遇而不可求，精神上更高层次的满足也就越来越受到重视和推崇。精神要素的满足会使人产生成就感和认同感，提升工作中的责任感，而且更容易接受挑战，这样的状态不仅可以帮助一个组织更好地发展，对个人而言，也是成长和发展的绝好状态。

近代英国最著名的经济学家、新古典学派的创始人阿尔弗雷德·马歇尔（Alfred Marshall）曾经说过，“最能刺激一个人的精力和进取心的，无过于在生活中提高地位的希望。这种希望甚至给他以一种压倒一切的热情，而这种热情使求得安逸和一切普通的愉快的愿望都显得微不足道了”。

雷尼尔效应

美国西雅图华盛顿大学准备修建一座体育馆。消息传出，立刻引起了教授们的反对。校方于是顺从了教授们的意愿，取消了这项计划。教授们为什么会反对呢？原因是校方选定的位置是在校园的华盛顿湖畔，体育馆一旦建成，恰好挡住了从教职工餐厅窗户可以欣赏到的美丽湖光。为什么校方又会如此尊重教授们的意见呢？原来，与美国教授平均工资水平相比，华盛顿大学教授的工资一般要低20%左右。教授们之所以愿意接受较低的工资，而不到其他大学去寻找更高报酬的教职，完全是出于留恋西雅图的湖光山色：西雅图位于太平洋沿岸，华盛顿湖等大大小小的水域星罗棋布，天气晴朗时可以看到美洲最高的雪山之一——雷尼尔山峰，开车出去还可以到一息尚存的火山——海伦火山。他们为了美好的景色而牺牲更高的收入机会，被华盛顿大学经济系的教授们戏称为“雷尼尔效应”。这表明，华盛顿大学教授的工资，80%是以货币形式支付的，20%是由良好的自然环境补偿的。如果因为修建体育馆而破坏了这种景观，就意味着工资降低了20%，教授们就可能会流向其他大学。可以预见，学校就不能以原来的货币工资水平聘到同样水平的教授了。由此可见，美丽的景色也是一种无形财富，它起到了吸引和留住人才的作用。

一个组织通过有效的认可、表彰、授予荣誉称号、提级晋升等精神激励手段，满足员工的社交、自尊、自我发展和自我实现的需要，从而在较高层次上调动员工的工作积极性。良好的人际关系有利于沟通，使人心情愉快；亲和的文化氛围，有助于凝聚人心，培养团队精神和力量。心理学家麦克莱兰认为，经理人的主要需要有成就感的需要、权利的需要和归属的需要。无疑这三种需要都属于精神激励的范畴，他还指出，经理人把成就需要等精神方面满足和激励看得比金钱更重要。因此，精神要素的满足可以使人产生对单位的归属感和共同荣誉感，同时衍生出同组织荣辱与共的价值观。员工只有真正把自己融入组织中去，这个组织才能真正具有强大的生命力，才能长盛不衰。一个运行良好的组织，它的员工应该是与组织共进退的，组织给予的和员工付出的都是支撑组织团队前进的重要基础。

三、知识要素

在当今知识剧增的时代，知识和信息对于员工适应岗位要求，更新知识结构和提升能力素质水平的作用非常关键。特别对于从事各种复杂专业技术工作的人才来说，显得尤为重要。如果一个人才，不能进行必要的知识更新，得不到可靠的新信息、新情报、新资源，他的创造能力就会明显衰退，甚至蜕化成一个普通人。如果他已经看到了这种衰退的迹象，而自己的知识更新要求仍然无法得到满足，那么，他的前进动力就必定难以长期保持。因此，及时向各类人才“灌注”知识动力，是激励实践的一条重要原则。管理大师彼得·德鲁克曾经说过，员工的培训与教育是使员工不断成长的动力与源泉。

知识激励是指以及时提供必要的知识和信息作为激励手段。在实际生活中，我们经常可以看到这样一种人才现象，就是有些员工，特别是骨干人才，由于知识老化、信息闭塞而陷入极度苦闷之中，逐渐失去了继续开拓前进的勇气和信心。这种现象提醒我们，在激励人才中，除了物质激励和精神激励以外，还有一种十分重要的激励手段——知识激励。因为在知识经济时代，知识已经成为一种重要的资本。例如，知识培训制度就是对那些取得了较大知识成果，对经济利益的刺激不太敏感，但对进一步深造非常重视的员工所采取的激励制度。事实上，员工深造是外部知识内部化的方法之一，而且这些员工深造后更容易产生知识成果，并实现知识成果的转化，从而形成知识成果的良性循环。因此，对知识型员工，应为其创造宽松的工作环境，重视他们私有的工作空间，给予他们更为自由的工作安排，大胆包容他们的错误尝试，鼓励他们进行积极创新。

IBM 的知识激励

IBM 公司有专门的员工培训部门，也有专门为员工进行培训的场所“e-Learning Center”。IBM 的员工培训有相当多的分类，有针对新员工进行培训的 Entry Level Training（入门级培训），也有针对公司管理层的 Management Development（老板培训），这种划分是根据员工在公司的不同级别进行的。还有针对不同部门的职业培训，比如针对销售人员、市场人员和人力资源部门的员工培训等。此外，员工还可以根据自己的工作、职业取向和爱好进行课程选择。在 IBM 的内部网上键入“www.ibm.com”即可登录到 IBM 的内部网站，新员工到公司的初期，一般都会在内部网上进行学习，查看公司组织结构和相关产品等。当新员工遇到问题时，还可以在网上与公司的老员工和培训部的人员进行交流，从而对公司的情况有一个初步的了解。

IBM 公司建议所有的员工每年选修至少一门 e-learning 课程。IBM 课程的内容提供者不仅来自 IBM 公司内部，也有来自其他公司的。IBM 的课程培训包罗万象，既有行业知识的培训，如金融和保险知识，也有个人技能和技巧的培训，比如销售技能、计算机知识、与人沟通的技能，甚至包括如何处理同事之间矛盾的技能等，而且每种相关技能又有多门课程（通常是几十门）可供选择。

第二节 激励的“度”

俗话说，没有规矩不成方圆。激励作为调动人们积极因素、约束人们不良行为的一种手段，必须遵循一定的规矩和原则。因为激励的物质基础和思想基础就是员工的利益取向和生理、心理特点。不同的员工，所采用的激励方式和方法不尽相同。为了达到激励的目的，领导者们要把握好激励的“度”，即广度、深度、频度和时度。

一、激励的广度

激励的广度，即激励的范围。一般情况下，摆在领导者面前的一个问题是：激励的覆盖面应该有多大？这个问题不会有直接答案，因为在不同的制度框架下，由于工作任务不同、工作内容不同、工作形式不同，其对应的绩效方式、考核方式、评价方式也各有差异。研究表明，一个单位中激励的广泛性在一定程度上能够增加员工的组织忠诚感。员工以在本单位工作为荣，并热衷于为本单位出力、奉献。要使激励措施尽可能发挥出最大的效应，各个行业都在寻找有效激励的范围和边界。因此，能否有一种制度调动大多数人的积极性非常重要。“机制设计理论之父”哈维茨（Hurwiez）曾说过，在市场经济中，每个理性经济人都会有自利的一面，其个人行为会按照自利的行为规则行动；如果能有一种制度安排，使行为人追求个人利益的行为，正好与组织实现集体价值最大化的目标相吻合，这一制度安排，就是“激励相容”。因此，只有把激励的精神尽可能多地融入本单位中的规章制度中，才能影响更多的人，为了实现组织目标和个人目标奋然前行。爱德华·弗里曼（R. Edward Freeman）的利益相关者理论认为，企业追求的应是利益相关者的整体利益，而不只是某些主体的利益，企业的管理活动需要综合平衡各利益相关者的要求。这两种理论都共同说明了利益分配应该考虑一定的范围或宽度，以调动代理人的积极性，从而实现组织利益的最大化。

一般而言，激励的广度以是否能调动真正优秀人才的积极性、是否能调动大多数人的积极性、是否打击未受奖励者的积极性三个指标来衡量。要使各项激励措施发挥尽可能大的效应，需要在制定各项规章制度时，尽可能多地使激励因素贯彻到所有的规章制度以及各个管理的环节之中。另外，恰当运用典型的力量，进行代表性的选择激励是体现激励广度的重要形式之一。这种激励方式的主要目的是通过刺激集体成员为负担集体行动的成本做出贡献。一个组织中的优秀分子既是这一组织核心生产力的代表，又常常是全体组织成果行为的标杆，这既有利于提高其工作积极性，也有利于形成良好的组织文化氛围，激发全体员工“见贤思齐”的内在动力。美国马里兰大学的曼瑟·奥尔森（Mancur Olson）教授曾经说过：“激励必须是选择性的，这样那些不参加为实现集团利益而建立的组织，或者没有以别的方式为实现集团利益做出贡献的人所受到的待遇与那些参加的人才会有所不同。”

任何一个组织中个体的才干和表现均不相同，大体上特别优秀与特别差劲的都是比较少的，而大多数人处于中间状态。针对激励对象的不同状况，需要运用差异化的激励方式。特别是对处于中间状态的员工，要敏锐地捕捉到他们的真实需求，并用适当的激励方式肯定他们的进步，促进他们的成长发展。

二、激励的深度

激励的深度，也称激励的强度。能否把握好这个度往往能够反映出上级的领导艺术水平。显然，深度不深，激励强度偏小，蜻蜓点水，不痛不痒，与下属的期望值相差比较远，达不到激励的效果，难以发挥激励的作用。这样一来，助长“干多干少一个样”“干好干坏一个样”的消极怠工心理。关于激励中平均主义的危害，毛泽东同志在《关于纠正党内的错误思想》中进行过批评论述：红军中的绝对平均主义，有一个时期发展得很厉害。例如：发给伤兵用费，反对分伤轻伤重，要求平均发给。官长骑马，不认为是工作需要，而认为是不平等制度。分物品要求极端平均，不愿意有特别情形的部分多分去一点。背米不问大人小孩体强体弱，要平均背。住房子要分得一样平，司令部住了一间大点的房子也要骂起来。派勤务要派得一样平，稍微多做一点就不肯。甚至在一副担架两个伤兵的情况，宁愿大家抬不成，不愿把一个人抬了去。这些都证明红军官兵中的绝对平均主义还很严重。

在我国全面深化改革的大背景下，如何突出对公务员特别是基层公务员的持续激励成为热点话题。据人社部 2015 年的统计数据，我国机关事业单位近 4000 万在职人员，有近 800 万人在乡镇工作，他们长期工作在一线，条件相对艰苦，工资水平普遍相对偏低。甚至有的在乡镇工作了三四十年，工资才一两千块，这种激励的深度跟公务员的社会地位、人力资本和承担的工作是不匹配的。只有适当提高乡镇机关事业单位工作人员的工资待遇，才能稳定基层工作队伍，鼓励人员向基层流动。另外，赫茨伯格的双因素理论告诉我们，满足各种需要所引起的激励深度和效果是不一样的。物质需求的满足是必要的，没有它会导致不满，但是即使获得满足，它的作用往往是很有限的、不能持久的。要调动员工的积极性，不仅要注意物质利益和工作条件等外部因素，还要注意对员工进行精神鼓励，给予表扬和认可，注意给员工成长、发展和晋升的机会。

研究表明，激励强度过低导致员工满意度低下，容易导致消极怠工和牢骚情绪的蔓延。但是激励强度太大，也往往不能产生预期效果。媒体上经常报道，一个人买彩票获得大奖后往往会因失去工作动力而颓废殆尽。太大的激励刺激，一方面可能会过分刺激下属的“胃口”，而人的需要是无止境的，任何组织都难以满足员工的所有需要；另一方面在组织内部容易形成比较上的失衡，从而产生紧张的人际关系氛围，不利于团队合作。此外，过高强度的激励刺激也往往会导致员工的机会主义和短视行为，不利于组织的长远发展。

三、激励的频度

激励的频度主要是指一定时间内激励次数的多少。研究表明，激励的频度不能过低，也不能过高。因为激励的频度过高，就意味着组织的投入加大，不但管理成本增高，而且可能会使人因反复刺激而产生麻木之感，对所得到的激励并不在意，降低了激励的效价，甚至会逐渐产生思维定式，有一点成绩就要求奖赏，得不到奖赏就满腹牢骚，并把工作中的一些成绩当作与组织讨价还价的筹码。如果激励的频度太低，容易使员工长期看不到自己工作绩效的有效反馈，感觉“干多干少一个样”，对组织产生不信任感，并逐渐失去在组织中长期发展的信心和动力。

一般来说，激励频率的高低是由一个工作周期里激励次数的多少所决定的。激励频率与激励效果之间并不完全是简单的正比关系。在某些特殊的条件下，二者成一定的反比关系。所以，只有区别不同情况，采取相应的激励频率，才能有效地发挥激励的作用。激励频率的选择，受制于多种客观因素，如工作的内容和性质、激励对象的能力素质状况、任务目标的明确程度、工作条件和人际环境等。具体来说，对工作复杂性强，比较难以完成的任务，激励频率应当高一些，而对工作比较简单、容易完成的任务，激励频率就应该低一些。对于任务目标不明确、较长时期才能见到成果的工作，激励频率应该低一些；对任务目标明确、短期可以见到成果的工作，激励频率应该高一些。对各方面能力素质水平偏低的工作人员，激励频率应该高一些，对各方面能力素质水平较高的工作人员，激励频率应该低一些。在工作条件和人际环境较差的单位或部门，激励频率应该高一些；而在工作条件和人际环境较好的单位或部门，激励频率应该低一些。当然，上述几种情况，并不能理解成绝对机械的划分。领导者在使用的过程中应该有机地联系起来看，只有对具体情况进行综合分析，才能确定恰当的激励频率。

四、激励的时度

激励的时度是指激励承诺兑现的时间长短、快慢。在同样一个激励环境下，激励的时度与激励的频度成反比关系，即激励的时间长，激励的频率必然低；激励的时间短，激励的频率必然高。古人云："事之难易，不在大小，务在知时。"激励需要注重时效性，即及时激励。我国古代兵法讲"赏不逾时"说的就是有承诺就应及时兑现，不然，就起不到激励的效果。奖赏不能错过时机，惩罚不能等到士兵离开队伍后去执行，激励只有及时，才能使人们迅速看到做好事的益处或者做坏事的恶果。俗话说，"赏一劝百，罚一警众"，只有及时激励，产生震撼和轰动效应，才能赏立信、罚立威。

朕之赏罚，固不逾时

贞观年间，唐太宗李世民通过各种方式，及时表彰臣下功德政绩，激励群臣奋发有为。无论是对进谏的臣下、立功举贤的功臣，还是对宫中的宫女，该奖赏的都对他们及时赏赐，做到了"朕之赏罚，固不逾时"。即便是对于进呈的人，也能及时给予十分优厚的奖赏，如房玄龄推荐萧翼，从老和尚辨才那里把王羲之《兰亭序》墨迹弄来，为此李世民当即赏房玄龄彩锦千段、庄园一块。萧翼为员外郎，官至五品，并赐银瓶一个，金镂瓶一个，装满珠宝的玛瑙碗一个，良马两匹。

一个单位如果能够适当缩短常规奖励的时间间隔，保持激励性的及时性，对于增强激励效果非常有帮助。绩效薪酬要明确具体的兑现日期并及时兑现，不能拖延，否则对员工的即时刺激作用会大大减弱。比如，一个员工工作很出色，应该给其加薪或者予以奖励，结果拖了半年才真正到位，这样既花了钱，又没有起到应有的激励作用。激励的作用往往是瞬间的，员工有好的表现，应尽快嘉奖。假如都要等到年终表扬，那么激励的效用将大打折扣。

此外，领导者还要平衡短期激励与长期激励的关系，做到优势互补、扬长避短。因为短期激励有利于对员工的工作热忱形成持续不断的刺激，但容易导致短期行为与机会主义。另外，短期激励可能会造成激励频度过高，容易使员工感觉麻木，从而失去激励功效。而长期激励有利于培养员工的忠诚感和为组织长远发展目标奋斗的精神，但由于激励频度过低，员工在较长的时期看不到工作绩效的反馈效果，会对未来产生焦虑，从而降低工作积极性。领导者如何平衡两种激励的关系，妥善结合使用，使之互为补充、发挥各有功效，尤为重要。

需要指出的是，领导者进行适度激励的前提是：既不能无功而赏，无罪而罚，也不能功大而小赏，罪大而小罚；既不能功小而大赏，罪小而大罚，更不能赏罪罚功，颠倒黑白。

第三节　激励控制艺术

作为一种领导艺术，激励控制的功能在于使人们的行为自动导向特定目标，或者使人们的行为自动按照领导目的或意图发生变化。激励控制的这种定向控制功能根源于人们的物质需求和精神需求，以及这种需求与领导目标或社会目标的一致性。在领导过程中，激励控制艺术具有广泛的适用性和普遍的有效性。作为一个组织的领导者，要想顺利地达到目标，就要善于运用激励控制艺术。

一、先激后励

激励是一个过程，但“激”与“励”又属于不同的阶段。“激”主要是在行为之前，激发行为者的动机、动力，让他想干、愿意干、有信心去干；“励”主要是在行为之后，对行为的一种评价、反馈和强化。一个单位里，领导者通过对下属工作行为一定时间的观察和了解，如果他的工作行为符合领导者的意图和决策目标，就对其行为进行鼓励、奖励。

因此，“激”与“励”是有先后之分的，应该先“激”，然后再“励”。“激”主要在行为之前，“励”重在行为之后。在决策制定好以后，需要下属认真执行落实的时候，领导者要对下属以“激”为主，通过激发和刺激，为下属营造好干事创业的环境，充分调动其工作积极性。

在奠定曹操统一北方基础的战役——官渡之战中，曹操在准备开战前说道：“众将听令，我奉旨讨逆，天下形式只在今日一战！望诸将勠力同心，共破贼兵！”这种让将士们决一死战的战前动员，就是一种“激”，激将士兵奋勇杀敌。当将士们不惜生命取得战争胜利之后，领导者则要及时进行评价，给以反馈，按功行赏，这是一种“励”。因此，一个组织中，如果员工的行为符合发展的方向和决策目标，领导者就应该及时给予鼓励奖励，强化肯定；如果员工的行为出现偏差，不符合发展的方向和决策目标，领导者就应该给予引导。

拼图实验

美国一家咨询公司 Achieve Global 曾经做过一个实验，让两组人同时进行复杂的拼图游戏，对 A 组人说“拼好了拼图后会有奖金”，对 B 组则不提及奖金。10 分钟后，游戏结束，A 组人都停止了拼图，B 组人则选择了继续游戏——很明显，奖金成为 A 组完成拼图的唯一诱因，一旦诱因消失，他们也就不愿意再继续工作，即便这个工作本身也非常有趣。所以，虽然在工作中奖金、期限、监管、威胁或其他激励因素能够产生短期的积极效果，却也掩盖了它们对即时绩效以及员工长期敬业度的负面影响。相比之下，内部激励更容易增加员工的长期敬业度。

从“激”的层面来看，营造出内部型的、激发调动员工积极性的环境非常重要。这是因为每个人都有三种基本心理需求。一是能力。它是一种因知识渊博、技术娴熟和经验丰富而感觉受到重视的需求。对每位员工来说，给予培养和展示能力的机会及支持都是有力的内部激励因素。二是关系。它是一种与同事协作完成工作的需求。不管扮演什么角色，大多数员工都希望与他人协同工作。研究显示，这种内在需求比赢得奖励或避免惩罚等外在需求更强烈。此外，与他人展开有效合作有助于融合不同的观点和经验，能够提高业务成果。三是自主。它是一种在指导原则内，自我调节实现业务目标的方式的需求。在工作中，员工不可能有百分之百的自由，因为所有人必须为共同的成果做贡献。但是，人们仍渴望自主，或者能够自由掌控自己的工作，进而支持他人的工作。因此，在条件允许的情况下，一定程度的个人灵活性可帮助员工在组织环境下茁壮成长。

从“励”的角度来看，行为发生后的及时反馈，可以对行为引导修正并促使其强化定型。曾经有一个故事：陶行知当校长的时候，有一天看到一名男生拿起砖头要砸同学，立即上前制止，并责令男生到他的办公室。等陶行知来到办公室，那名男生已经到了。陶行知掏出一块糖递给男生：“这是奖励你的，因为你比我早到了。”接着又掏出一块糖递给男生：“这也是奖励你的，因为我不让你打同学，你马上就住手了，说明你很尊重我。”男生将信将疑地接过来。陶行知接着又说：“据我了解，你要打的同学在这之前欺负了女生，说明你很有正义感。”随即掏出第三块糖奖励他。这时男生哭了：“校长，我错了，同学再不对，我也不能拿砖头砸他啊。”陶行知又拿出第四块糖说：“你已经知错，再奖励你一次。我的糖送完了，我们的谈话也该结束了。”

二、多正少负

激励有正、负之分。正激励是从正方向予以鼓励，用某种正面的激励方式，如认可、赞赏、增加工资、提升或创造一种令人满意的环境等，以表示对员工的奖励和肯定。负激励是从反方向予以刺激，指的是对员工的不良行为或业绩，采用某种负面的激励方式，如批评、扣发或少发工资、降级、处分等，来表示对员工的惩罚或批评。早期的心理学研究提出了“效用法则”（law of effect），即一个特定的行为，如果得到奖励会增加其发生的频率。如果一个行为没有得到应有的奖励，会降低其发生的频率。生命的本质在于趋利避害，追求快乐躲避痛苦。奖励会给人带来快乐，因此人们去追求它；惩罚给人带来痛苦，因此人们会躲避它。

领导者的奖励是一个指挥棒，是正激励，调动下属的行动导向领导者期望的方向。领导者的惩罚会导致下属产生不愉快的心境，是负激励，使得下属知道什么样的行为是领导者不希望看到的。正激励和负激励是激励中不可缺少的两个方面。在实际运用中应该以正激励为主，负激励要少用。

在一个组织中，正激励的形式是多种多样的，如当众表扬、奖励物品、带薪旅游等。它一方面可以激励成绩突出的员工，另一方面可以激励其余的人要在某个方面做出自己的成绩。如果正激励太多，就容易形成普遍性的行为，回到了平均主义大锅饭，其激励的作用就会大大降低。因此，正激励并不是越多越好。另外，所有的正激励都要体现竞争性。有这样一则寓言：一位老农在喂牛时，不断把草料铲到牛棚的屋梁上，让牛昂着头去吃。旁人看了好奇，问：你为什么不把草料放在地上，让牛吃得更方便呢？老农说，我要是把草料放在地上，它往往就不屑一顾，将草料踩在脚下；但我把草料放到它勉强可以够着的屋梁上，它就会努力去吃，直到把全部草料吃个精光。管理也是如此，太容易到手的东西没有人会珍惜。很多时候，一个头衔、一份奖品，哪怕职级再小、正激励再少，也不要轻易授人，最好的方法就是激励员工通过公平竞争去获得他应得的那一份。

相对而言，负激励也是比较有效的管理措施之一。它主要包括警告、罚款、开除等一系列措施。负激励的影响面比较大，特别是来自精神层面的压力比较大一些。因此，领导者在实施负激励的时候，一定要把握好力度，更不能把负激励作为减少错误的唯一手段来使用。另外，在实施过程中，一是要做好沟通。与员工推心置腹地进行沟通，让其理解自己的错误可能会造成的后果，让员工心服口服，这样才能达到管理的目的。二是要一视同仁。无论是对领导者还是普通员工都应当一视同仁，不能存在徇私的情况。三是要做好跟踪工作。对负激励进行跟踪落实，看看负激励执行后收到的效果，员工是否已经改正了？有没有再犯同一类错误？如果有，就要分析原因，是否有做得不到位的地方？等等。总之，执行负激励的最终目的，是希望通过规范员工的自身行为使员工不断进步、提升，从而积累起良好的职业习惯，促进个人的成长与发展。

破窗理论

美国斯坦福大学心理学家菲利普·津巴多（Philip Zimbardo）做了一个实验：他找了两辆一模一样的汽车，把其中一辆停在中产阶级社区 A 区，一辆停在相对杂乱的街区 B 区。停在 B 区的那辆，他把车牌摘掉，把车顶棚打开，结果当天这辆车就被人偷了。而放在 A 区的那辆，一个星期也无人问津。后来，津巴多用锤子把那辆车的玻璃敲了个洞，结果几个小时它就不见了。这是经典的“破窗效应”。它告诉人们一个道理：如果有人打坏了一幢建筑物的窗户玻璃，而这扇窗户又得不到及时的维修，别人就可能受到某些示范性的纵容去打烂更多的窗户玻璃，久而久之，这些破窗户就给人造成一种无序的感觉。结果在这种公众麻木不仁的氛围中，犯罪行为就会滋生。勿以恶小而为之，勿以善小而不为。冰冻三尺非一日之寒，千里之堤，溃于蚁穴。一个集体要及时修好第一扇打碎的窗户玻璃，一个人要及时改正小毛病，否则时间久了积重难返就会破罐破摔。及时惩戒不良行为，防微杜渐才能建立规则。

实际管理工作中，领导者需要将正激励与负激励相结合。俗话说：“小功不奖则大功不立，小过不戒则大过必生。”对于员工好的工作成绩和行为要及时给予表扬，使之得到大家的认可，从而继续发扬下去。对于不良的行为，必须严格管理，按照具体的规章制度来办理，这样就可以做到“防患于未然”。当不得不使用惩罚方式时，一定要告诉员工事情的原因和真相，使其心服口服，还要告诉他正确的行为方式，并将惩罚和正强化二者结合起来。当员工表现得有所改进时，应及时给予正强化，使好的行为得到巩固。总之，只有从正、负两个不同的角度同时对员工的工作和行为进行评价和反馈，才能使他们不断提高自己。

三、激励一致

激励一致应该包含三层意思：一是激励的实施方和受施方理解激励内容的一致性；二是激励中物质要素和精神要素有机结合、同步一致；三是激励在实施过程中的标准一致。

领导学上有一个概念叫“克尔蠢举”，说的是克尔一辈子怕吃肉，认为吃肉是最痛苦的事，所以下属犯错时，他就罚他们吃肉。谁知道很多下属喜欢吃肉，所以就主动地犯错误，自觉地与克尔对着干，以求能多吃到肉。“肉”这个信号在克尔那里是惩罚，但在下属那里却是奖赏。领导者与下属对激励要素的理解存在差异的时候，激励的效果就会大打折扣。哈维茨提出了“激励相容”思想就是强调用制度的办法使行为人追求个人利益的行为与组织的利益相一致，从而有效地解决个人利益与集体利益之间的矛盾冲突，使行为人的行为方式、结果符合集体价值最大化的目标，让每个员工在为组织多做贡献中成就自己的事业。

关于激励的同步一致，重点体现是物质要素和精神要素在激励目的一致的情况下如何实现同步。华东师范大学心理学教授俞文钊提出了一种理论——同步激励理论（Synchronization motivation theory，S 理论）。其基本思想为只有将物质与精神激励有机综合、同步实施，才能取得最大的激励效果。用公式表示，则为：激励力量 = Σf（物质激励 · 精神激励）这一公式表明，只有当物质与精神两种激励都处于高值时才有较大的激励力量。其中任何一种激励处于低值时，都不能获得较大的激励力量。物质要素和精神要素在满足个体需求方面存在时间上的差异。一般来说，物质要素具有短期性，容易满足；而精神要素具有长期性，不容易满足，并且两种要素均遵循边际效用递减规律。因此，要想有机结合两者要素，实现同步一致，达成最好的激励效果，必须考虑个体的差异。

激励的实施应该是一视同仁的，不管是对领导者，还是对普通员工，其激励的标准一定是一致的。公平理论告诉我们，当一个人察觉到自己的工作与所得到的报酬之比，同其他人的工作与报酬之比相等时，就感到受到了公平待遇，否则就会感到受到了不公平待遇。公平能起到激励的作用，不公平会起消极的作用。公平性是员工管理中一个很重要的原则，员工感到的任何不公的待遇都会影响他的工作效率和工作情绪，并且影响激励效果。取得同等成绩的员工，一定要获得同等层次的奖励；同理，犯同等错误的员工，也应受到同等层次的处罚。领导者在对待员工问题时，一定要有统一的标准，激励才能一致起来。激励的措施制度化，并执行到位，才能真正激发起员工的公平竞争意识，使这种外部的推动力量转化成内在工作动力。

柳传志开会迟到也罚站

“联想”一贯纪律严明，譬如，开会迟到罚站制度，无一人例外。柳传志自己也被罚过三次。“联想”规定，迟到不请假就一定要罚站。有一次，柳传志被关在电梯里面，那时没有手机，叫天不应，只好认罚。柳传志说：“罚站是件挺严肃、挺尴尬的事情，开小会的时候，你得独自站着。更大的会场，你迟到了，会都停开，全体人员静默，都看着你站 1 分钟。”而第一个被罚站的人，是柳传志的一个老领导，他撞到了枪口。柳传志印象深刻：“我说，完了我到你家给你站 1 分钟！他站了一身汗，我坐着也一身汗。当时的确尴尬，但是制度必须严格执行。”罚站，在中国目前这种环境下，谁也不会把这种话信以为真。但柳传志却严格执行了，这变成了联想的一种风格，也是联想成功的基因源。迟到罚站，柳传志本人也不搞特殊化。身教重于言传，能够身教时，明智的领导者往往一句话都不必说，反而能达到良好效果。

C H A P T E R 0 4

第四章

自我激励

自我激励，顾名思义就是自己激发自己、鼓励自己的意思。在开阔、广泛和平等的激励平台上，个体可以在允许的范围内自由活动，充分发挥自主性，努力展现自我，激励自我，实现组织和个人的共同成长。按照组织和个体两种角色，自我激励包含两方面的意思：一方面是组织对激励的理论基础、方式、时机等问题的研究，激发全员的工作积极性，以实现更好的激励目标；另一方面是员工通过自我管理，保持对学习和工作的高度热忱，克制冲动和延迟满足，以实现自我激励的目的。

第一节　激励型组织

一、组织激励的内涵

组织激励是一种内部激励，通过组织的内部变革实现组织结构的扁平化，建立以工作成就为导向的员工激励机制，使员工从关注职务晋升转向关注工作成就。一个激励型的组织应该采用以人为本的柔性管理，在员工心目中形成一种潜在的说服力，从而把组织意志变为员工自觉的行动。因为柔性管理能满足员工的高层次需要，能够深层次地激发员工的积极性。

在知识经济条件下，柔性管理对于实现“知识共享”，整合组织中的人力资源具有重大意义。

激励型组织具有层级性、多元性的特征。

1. 层级性

任何一个组织都包含若干层级，不同的层级目标任务不同，人员情况不同，信息占有量不同，关注的领域也各不相同，因此采取激励的方式和手段应该有所不同，这样才会实现理想的激励效果。高层管理组织处于组织结构的顶层，人员素质较高，要解决的问题通常涉及组织生存与发展的大事，要求管理人员的工作和决策具有全局性和创造性，如何使员工具有成就感是这一层次激励的主要内容，激励效果可以着重体现在管理人员的创新管理、组织文化。组织的中层是联结组织决策者与基层员工的纽带，协调、沟通是其重要职责，组织对中层人员的激励，既要满足其基本生活需要，更要适当地给予荣誉感、成就感。组织的基层员工激励应更多地体现为满足员工生存、生活、安全的基本需求，从更为具体的工作条件、工资待遇的改善上入手，激励效果则体现为员工工作效率的提高、工作质量的改善以及员工对组织和工作的认同上。三个层次激励的区分只是相对的，只是侧重点不同而已，因为高层管理人员也要生存，也要生活，而基层员工也需要成就感和获得感。总之，通过对各个层级的有效激励，形成充分的合力，使组织的工作效率提高，员工工作热情高涨，并保持这种热情的持久性。

2. 多元性

激励的对象是一个组织的所有人员，但每个人都是有差异的。要进行有效的激励，就要研究被激励者的心理，清楚他们最需要什么，这样的激励才具有针对性。经济学有一种规律叫“边际效用递减规律”，是指在一定时间内，在其他商品的消费数量保持不变的条件下，当一个人连续消费某种物品时，随着所消费的该物品的数量增加，其总效用虽然相应增加，但物品的边际效用（即每消费一个单位的该物品，其所带来的效用的增加量）有递减的趋势。在人力资源管理中，也存在边际激励效用递减规律。也就是说，一个组织采用某种激励措施越频繁，激励量越大，对员工的激励作用会越小，或者说增加相同单位的激励量，得到的效果会不如先前。如果主体对客体的激励方式只是金钱，由于边际效用递减，随着时间的推移和激励次数的增多，要达到相同的激励效果，花费的成本就会变得越来越多。因此，在实施激励的过程中，应当对激励客体实施恰当的激励组合，特别是要注意通过激励组合的变动，推动被激励对象的激励效用曲线由低向高移动。激励的方式是多维的复合体，根据不同的人群特点选择最适当的激励方式组合。比如，对低收入的员工，加薪和发奖金的边际激励效用最大；而对高收入的员工，则需要在职务晋升、企业和社会荣誉、鼓励创新等方面给予更大的激励。

二、组织激励的方法

每一个组织管理方法中都包含一套激励员工的办法，不同的规范方法各有差异。但是，真正能提高员工的积极性才是硬道理，才是有效的组织管理。弗洛姆和德西提出了三种组织激励方法，即家长制法、科学管理法和参与管理法。

（一）家长制法

家长制法认为对体制的感激之情会推动员工积极工作，也就是说员工会根据对工作的满意程度来决定积极有效地执行工作的程度，得到的奖励越多，员工就会越努力工作。工作中员工的需要被满足的程度越高，反映在他的积极工作中的感激之情或者忠诚程度也就越高。

该方法的重点就是让组织成为重要奖励的来源。从某种意义上说这是一种无条件奖励，每一位员工得到的奖励数额并非简单清楚地按照他在组织中的绩效来划分，而只是根据他是本组织中的一员这一事实来确定。另外，该方法认为激励员工就是无论他们的业绩如何都给予他们良好的工作环境、公平的薪酬和有保障的工作。

星巴克咖啡的家长制管理

星巴克咖啡自1987年西雅图的一家街头小咖啡馆开始，发展到今天遍布全世界34个国家和地区的8300家咖啡店，除了它在打造其品牌上的独到策略之外，团队建设是它维持其品牌质量至关重要的手段，也是该公司不可替代的竞争力所在。以商店为单位组成团队，星巴克倡导的是平等快乐工作的团队文化。星巴克对自己的定位是“第三去处”，即家与工作场所之间的栖息之地，因此，让顾客感到放松舒适、满意快乐是公司的愿景之一。

与大多数企业不同，星巴克从不强调投资回报，却强调快乐回报。他们的逻辑是：只有顾客开心了，才会成为回头客；只有员工开心了，才能让顾客成为回头客。而当二者都开心了，公司也就成长了，持股者也会开心。而团队文化则是他们获得快乐回报的最重要手段。那么，星巴克是如何创造这种平等快乐工作的公司文化的呢？

第一，领导者将自己视为普通一员。虽然他们从事计划、安排和管理的工作，但他们并不认为自己与众不同。比如，该公司的国际部主任，在去国外的星巴克视察的时候，也会与店员一起上班，做咖啡，清洗杯碗，打扫店铺甚至洗手间，完全没有架子。

第二，每个员工在工作上都有比较明确的分工，比如有的负责接受顾客点菜，有的负责咖啡制作，有的管理内部库存，等等，但是，对店里所有工种所要求的技能，每个人都受过培训，因此在分工负责的同时，又有很强的分工不分家的概念。也就是说，当一个咖啡制作员忙不过来的时候，其他人如果有时间，就会去主动帮忙缓解紧张，完全没有“莫管他人瓦上霜”的态度。这种分工不分家的团队文化是有针对性地强化训练的结果。

第三，鼓励合作，奖励合作，培训合作行为。所有在星巴克工作的员工，无论你来自哪个国家，在商店开张之前，都要集体到西雅图（星巴克总部）接受三个月的培训。培训大部分的时间主要用于磨合员工，让员工接受并实践平等快乐的团队工作文化。由于各个国家之间的民族文化差异，有时候在实施之中会遇到很大的阻碍。比如日本、韩国的文化讲究等级，很难打破等级让大家平等相待。最简单的例子就是彼此之间直呼其名，因为习惯了加上头衔的称呼，不加头衔称呼对方对上下两级都是挑战。为了实践平等的公司文化，同时又尊重当地的民族文化习惯，结果就想出用给每位员工起英文名字的方式来解决这个矛盾。另外，公司还设计了各种各样有趣的小礼品用来及时奖励员工的主动合作行为，让每个人都能时时体会到合作是公司文化的核心。

（二）科学管理法

科学管理法认为一旦把对员工的奖励和惩罚与绩效直接挂钩，他们就会积极工作。这种奖励是有条件的，它依赖并取决于有效的绩效表现。这种方法最明显的可操作性措施就是薪酬管理。例如，在较低层次的工作中实施计件工资，并根据绩效的大小给予晋升机会。另外，一个组织通过上级的表扬、认购、强调地位的标志（如令人尊崇的头衔）、股权计划等外在奖励方法，表彰和奖励绩效良好的员工。

（三）参与管理法

参与管理法认为个人会从本身有效的工作中获得满足感。一般而言，员工会自觉地参与工作，从情感上自愿把工作干好。该方法多采用权力平均的战略，通过民主的管理和纵向延伸的岗位来保证合理的工作设计。它的重点是创造条件使得有效绩效表现成为一种目标，而不是达到另一目标的手段，更是组织为了发挥员工的潜能，为了激励员工对组织成功做出更多努力而设计的一种参与过程。

参与管理在西方国家得到了广泛的应用，并且具体参与形式也不断推陈出新。常见的有分享决策权、员工代表参与、质量圈、员工持股计划等方面。实践表明，在不同程度上让基层员工参加组织的决策过程及各级管理工作，让下级与单位的高层管理者处于平等的地位研究和讨论组织中的重大问题，他们可以感到上级主管的信任，以及自己的利益与组织发展密切相关，从而产生强烈的责任感。同时，参与管理为员工提供了一个取得别人重视的机会，从而给他们一种成就感。最终，员工就会因为能够参与商讨与自己有关的问题而受到激励。

三、全面激励

“全面激励”理论是由华东师大教科院熊川武提出的。他认为，作为一个系统，激励至少包含这样一些因素：一是人，即激励主体与客体。二是时空，即激励过程与相应环境。三是方式与内容。怎样处理好这些因素的相互关系，全面发挥它们在激励中的作用，实际上涉及全面激励的问题。全面激励包括全素激励、全程激励和全员激励三种形式。

（一）全素激励

所谓全素激励，就是指利用一切可以利用的激励手段鼓舞员工。当一个员工进入一个单位工作，他必然受到来自这个单位方方面面的影响。这些影响他的因素都可以成为激励他的要素内容，见表 4–1。全素激励强调在继续坚持物质、精神激励的前提下，不断谋求新的激励手段，如活动激励等。活动激励既包含物质又包含精神，但它既不是物质也不是精神，有独特的激励意义。

进行全素激励一定要把握好以下三个方面：一是要进行名副其实的物质激励；二是要把精神激励的显性因素（如公开表彰、个别抚慰等）与隐性因素（积极向上的组织文化、工作丰富性设计等）统一起来发挥作用；三是要充分发挥活动（社会劳动、学习、娱乐和交往等）的特殊激励价值。

表 4–1　员工激励要素分类表

类　别	具体内容				
目标驱动	1. 公司愿景沟通	2. 职业生涯规划	3. 工作目标设定		
工作内容	1. 岗位价值沟通	2. 工作内容设计	3. 工作岗位轮换		
制度和环境	物质奖励	1. 业绩资金	2. 股票期权	3. 调薪定薪	4. 专项奖励
	培训发展	1. 职业发展	2. 职务晋升	3. 内外培训	4. 工作网拓展
	即时奖励	1. 指导反馈	2. 鼓励表扬	3. 带薪假期	4. 旅游

（二）全程激励

所谓全程激励，就是指激励活动按照激励本身的心理过程和管理活动过程进行，形成相对完整的周期，使激励过程真正成为工作过程的伴侣。相对完整的激励周期的终点是满足需要。一个员工进入一个组织以后，领导者就应该围绕该员工的职业生涯发展进行规划设计，并跟进一些激励措施，因为员工在不同职业生涯发展阶段激励的重点是不同的，见表 4–2。

表 4–2　不同职业发展阶段员工的激励重点

员工职业阶段	员工关注重点	激励方式
进入期	1. 学习和成长的机会	基层的岗位轮换
	2. 尝试多种不同的工作	更多的表扬和肯定
	3. 快速适应环境	良好的培训和学习环境
成长期	1. 专业技能的精深	专业培训
	2. 快速成长	有挑战和难度的工作指派
	3. 业绩认可和薪酬增长	小幅度、多频次的薪酬调整
成熟期	1. 较好的薪酬福利	较高的薪酬水平
	2. 晋升机会	晋升机会
	3. 社交网络	内部及外部的交流机会
	4. 获取跨领域的知识	多领域培训
	5. 照顾家庭的时间	额外带薪休假
流出 / 保留期	1. 长期留任或职业转换	职业通道转换的机会
	2. 获取跨领域的知识	多领域培训
	3. 照顾家庭的时间	工作生活平衡

（三）全员激励

所谓全员激励，就是指动员全体员工参与激励，形成他励（他人激励）、自励（自我激励）、互励（相互激励）统一的格局，取代以往上“励”下“受”，单向而行，领导者“一元”激励的局面。从最终意义上说，激励是人对人的作用，人是激励的主体与客体。激励主体通过特定手段作用于激励客体，而激励客体以接受、领会或反作用等表示应答。他励、自励有关内容已经在本书其他章节中论述，下面重点谈谈互励。

互励最直接的特点就是激励作用的双向性。激励主体作用于激励客体，激励客体（作为主体）反作用于激励主体（作为客体），在这里作用和反作用的时间不一定是同时的，可能存在继时性的问题。另外，互励反映出激励渠道的网络性。当每个人都既充当激励主体又充当激励客体并尽可能多地作用于不同客体时，就形成了领导者与员工之间、领导者与领导者之间、员工与员工之间重叠的多向激励网络。

1938 年，美国拉波因特钢铁公司由于管理不善，员工积极性不高，使企业濒临破产。教授斯坎伦在同工人、工会协商后，制订了一个提高生产率的计划。该计划的实行，使拉波因特钢铁公司免于破产，并被推广到其他公司。斯坎伦计划成功的奥秘何在？原来，该计划的首要原则是以团体为目标，强调团队成员的互相配合和协调，有一套激励集体的办法。它强调参与性的管理，管理人员和员工应该不分彼此，给员工一种公司属于自己的感觉，让每个人都明白个人薪酬的增加是建立在彼此坦诚合作的基础上的，并将公司的薪酬激励和员工的建议系统结合在一起。公司的每个部门都有一个由管理人员和员工代表组成的员工委员会，并为员工提供提出改进建议的机会，鼓励员工向公司提出提高生产力的建议。这项计划极大地鼓励下级人员承担更多的责任，全员共同享有治理的职权。

激励型组织调查表

下面共有 60 道题，判断一下你所在的组织与这些题的符合程度。1= 完全不符；2= 有一点相符；3= 某种程度上相符；4= 大部分相符；5= 完全相符。

1. 组织内的员工积极活跃，工作主动热情。

2. 员工工作非常主动。

3. 员工的工作态度乐观上进。

4. 员工的努力没有白费。

5. 组织活动以客户为中心展开。

6. 组织内的不安全因素能被迅速发现并排除。

7. 让员工感觉自己像是组织的业务合作伙伴。

8. 员工有很强的荣誉感。

9. 员工能够自觉节约组织的资源。

10. 员工对组织的使命和价值观了解得很清楚。

11. 员工被邀请参与组织的战略规划。

12. 组织鼓励员工在工作中自主做出重大选择和决定。

13. 员工能够参与制定重大的生产决策。

14. 组织授权员工改进工作方式。

15. 组织鼓励员工与客户及供应商密切合作。

16. 组织鼓励员工积极参与解决问题，不因犯错而受罚。

17. 组织上下齐心协力，使员工在工作中能够发挥能力。

18. 组织激励员工努力实现更高的目标。

19. 妨碍工作效率的问题能够被迅速发现并解决。

20. 个人决定受到尊重。

21. 组织内几乎没有不必要的政策和规定。

22. 有效的交流是组织的一大优势。

23. 组织内部信息传播高度畅通。

24. 组织做任何重大决策时，管理层均向员工解释原因。

25. 管理层和员工之间经常进行交流。

26. 高层管理人员定期到员工工作现场访问。

27. 一切消息向员工公开。

28. 各种会议组织得当，效率高。

29. 公司的宣传材料信息丰富，有助于宣传公司形象。

30. 管理层对员工的要求和关注点高度负责。

31. 员工对管理层的信任度很高。

32. 劳资纠纷能够得到迅速而有效的解决。

33. 管理层勇于对失误承担个人责任。

34. 组织鼓励员工担当领导职责。

35. 员工获得极大鼓励和高度认可。

36. 表现优秀的员工能够得到奖励。

37. 个人成果和团队成绩都能够得到恰当的奖励。

38. 奖惩分明。

39. 组织鼓励和奖励创造性工作。

40. 员工对自己的薪酬感到公平。

41. 员工愿意承担物质奖励的部分成本。

42. 员工感觉自己的建议能够得到管理层的重视。

43. 员工的建议能够得到迅速而积极的答复。

44. 组织所有成员都致力于不断地提高进步。

45. 部门之间的沟通没有障碍。

46. 员工和管理层相互高度信任。

47. 组织提倡高度的团队协作精神。

48. 部门之间及时沟通，高度合作。

49. 组织管理层视问题为改进工作的机会，而不是取得成功的障碍。

50. 组织大力提倡学习。

51. 组织鼓励员工互相学习。

52. 培训后不断有后续活动。

53. 员工参与制定培训决策。

54. 在决定工作要求、考评标准时，组织征求员工的意见。

55. 员工认为绩效评估是提高业绩的积极手段。

56. 进行自我评估和同事之间相互评估。

57. 员工认为组织制定的纪律体现出公平合理。

58. 员工在工作上精益求精。

59. 缺勤旷工的现象非常少。

60. 在组织内工作员工感觉干劲十足。

将所有的得分加起来得出总分（如果参加调查的对象是一个小组，可使用每位调查对象得分的算术平均数）。将总分除以 300，再乘以 100%，将得到一个百分数，百分数越高说明组织激励程度越高。其中，90%~100% 表示你所在的组织具备高度的激励机制。80%~89% 表示你所在的组织正在不断提高激励水平。70%~79% 表示你所在的组织具备激励型组织的一些基本特点。60%~69% 表示你所在的组织激励程度略高于平均水平。50%~59% 表示你所在的组织激励程度处于平均水平。低于 50% 表示你所在的组织激励程度低于平均水平。

第二节　员工自我激励

自我激励是指个体不需要外界奖励和惩罚作为激励手段，能为设定的目标自觉努力工作的一种心理特征。赫茨伯格曾经说过：“员工都有自我激励的本能；而员工自我激励本能是基于这样一个事实，即每位员工都对归属感、成就感及驾驭工作的自主权充满渴望。每个人都希望自己的能力得以施展，希望自己的工作富有意义，希望做出工作成绩获得组织认可。”

一、自我领导

自我领导的概念是 1983 年查理·曼茨（Charles Manz）在自我管理理论基础上首次提出的自我领导被看作是围绕着自我管理行为的、关注最高水平的自我影响系统。

（一）建设性成长思考

建设性成长思考是个体自我领导策略的核心。个体的自我领导会建立一个基准，源于个体已有的认知结构，基准是个体指导、评价和触发自己的行动的内在动力。个体在自我领导过程中，基准会发生变化，新产生的基准一方面取决于个体先前的行为过程和结果，另一方面取决于个体被施加的外界信息。预想成功绩效、自我对话、评估信念和假设这些策略的实施有助于建立和修改基准。

（二）行为高度聚焦

目标的设定建立在对自我的清晰认识和对外界信息加工的基础之上。目标有长期和短期之分，它是个体前进的动力和方向，因此，目标的设定非常重要，这也是个体实践自我领导能力非常关键的一环。个体拥有自我生成的个人目标，在他们日常的活动中应用这个目标来进行自我评估、自我奖励与惩罚，因此已经设定的目标会起到重要的调控和激励作用。自我观察是个体修正自我行为的第一步，这个能力在组织变革的时候非常重要。自我观察依照个体内部的认知结构和自我设定的目标来判断自己现有行为，并观察现有行为与组织目标之间的差距，不断修正偏离的行为或者强化正确的行为。自我观察可以通过追踪正在做的工作进展情况，并与预期相比进行分析，回归反思工作中的表现情况。

（三）自主回报奖励

自主回报奖励的动力就是员工对于工作本身的成就感和享受工作的过程。在既有的工作活动中，有机地融入更加愉悦和舒适的特色元素，从而使任务本身变成一种内在的奖赏。自主回报奖励本身产生的效果对于激励个体具有非常重要的作用。员工的自我领导过程是一个主动化占主导的过程。自我奖励和自我惩罚都会伴随着整个自我领导的过程。

曾国藩：自我激励做圣贤

曾国藩年轻时是个愤青，“自负本领甚大，每见人家不是”。30岁时意识到自身的不足，立志学做圣人，他的方法就是写日记，不过他的日记与一般人不同，很像今天的微博。曾国藩日记的篇幅都不长，几十字或一二百字，写的内容多是生活的白描：从早晨起床开始，吃的什么饭，和谁说的什么话，甚至晚上做了什么梦，都一一记录下来，然后回忆自己一天的言行，发现其中哪点不符合圣人要求，就加以自责，做深刻自省。更关键的是，曾国藩写日记不光自己看，还让别人看。虽然那时没有互联网，可以将自己的所思所想发布到网上，与粉丝们互动，但曾国藩有他的办法，他把日记抄录数份，然后在朋友圈子里传阅，朋友们会在后边加批注，谈自己的感想，或批评，或鼓励，就像现在粉丝们的跟帖一样。

比如，有一次，好友倭仁在他的日记后批语道：“我辈既如此学，便须努力向前，完养精神，将一切思维、闲应酬、闲言语扫除净尽，专心一意，钻进里面，安身立命，务要另换一个人出来，方是功夫进步。愿共勉之。”曾国藩看到后的反应是，“为之悚然汗出”，然后感叹说，不如此“安得此药石之言”。还有一次，他在日记中抱怨骆秉章对他很冷淡，他的弟弟曾国华评论说：“兄之面色，每予人以难堪。”这让他如醍醐灌顶，想起自己素来自负，于是一下子警醒过来。

日记通常都是非常私密的东西，通常都会严加保密，不让外人知晓，可曾国藩为什么如此开放呢？原来他在日记中虽然能够毫不留情地剖析自己，但自己的缺点、错误或是陋习改正起来却非常困难，总是改了犯，犯了改，改了再犯。例如，他曾在日记中立誓“夜不出门”，但还是经常“仆仆于道”。道光二十二年（1842）十月二十四日、二十五日两天，京城刮起大风，他仍然“无事出门”，回来深切自责：“如此大风，不能安坐，何浮躁至是！”十二月十六日，菜市口要杀人，别人邀他去看热闹，他“欣然乐从”。内修效果不理想使曾国藩认识到，光靠自我反思、自我监督是不行的。于是他把日记公开，让众多的眼睛看着自己，并且通过亲人朋友的“跟帖”、点评，点醒和提示自己，形成强大的外在监督力量。用他的话说就是：“势必有所激，有所逼，才能有所成。”完全靠自己监督自己，往往靠不住，人都是在外界的压力之下，才能做出真正的改变。

曾国藩天资并不聪慧，但却成为“内圣外王”式的人物，成为清朝的“中兴之臣”，与他注重自我修养，使自己不断完善是分不开的。而在其漫长的一生中，写这种类似“微博”的日记，并公之于亲人朋友，成为他最重要的自修方式。一个人最难战胜的，就是自己。即使你自制力再强，也有被自己打败的时候。所以真正强大的人，不是向外显现力量，而是能放下身段，放低自己，不断从外界汲取力量。这正是曾国藩最智慧的地方。

二、自我激励的管理

（一）积极自我表现

自我表现是指个体通过某种行为想要向他人和自己展现一种受赞许的形象。对于一名想要在单位立足、成长及发展的员工来说，任何时候都不能忽视自我表现管理。首先要认真履行自身岗位职责，勇于承担工作责任，及时准确地完成工作任务，扮演好自身的岗位角色，这应该是员工维护良好自我表现形象的基础。同时，员工自我表现也要获得内在观众——自我的认可，才算成功。当员工通过勤奋工作、积极进取所取得的工作成绩及绩效贡献等，都能获得外在的组织和内在自我认可的时候，员工就会很容易进行个体强化自我认同，增强和维护自尊及自我效能感、成就感和满足感，从而产生更强的正向自我表现的动机和愿望。但是，当员工置身于一个组织文化散漫无序、缺乏系统性与凝聚力的团队，员工的自我表现及取得的工作成绩得不到有效认可和及时反馈，他本人也不被鼓励的时候，他的正向自我表现的动机可能会削弱。因此，为了获得自我的认可，员工可能会过分专注追求个人目标，选择与组织目标相疏离，甚至另谋他就。

GE 公司前总裁杰克·韦尔奇曾在 GE 公司强力推行“活力曲线”区别考评管理，对于业绩拔尖的 20% 明星员工给予大量褒奖，包括奖金、期权、表扬、青睐、培训机会以及其他各种物质和精神财富；对中间 70% 业绩良好的员工，给予他们更多的培训教育、积极反馈和有周全考虑的目标设定等，保持和维护以上 90% 员工的能动性和工作激情；而对于业绩最差的 10% 员工，他们将和那些即使业绩优秀却违反了企业价值观的员工一起被解雇。这就是 GE 的管理方式，科学严谨的绩效考评与价值观管理相结合，激发了员工正向自我表现的不懈激情与动力。

（二）冲破自我设限

彼得·圣吉曾经说过，在员工自我超越或想要达成工作目标、愿景时，内心即会产生一种战胜工作挑战、实现目标的创造性张力，这股力量驱使他奋力去实现目标；同时员工对现实情况的过度悲观、对工作挑战的艰巨程度和对外部环境阻力的错误估计，及对自身工作能力的怀疑也会在内心形成结构性阻力。自我设限、自我妨碍的员工通常表现为自信心缺乏、不愿主动承担工作责任；遇到非干不可的工作却又怀疑自身能力无法胜任的时候，他们往往会采取言辞过分夸大工作困难，或者采取无益于完成工作任务的诸多行动及借口来逃避或转交工作。

绝大多数员工都希望在自己的职业生涯里能够勇于克服各种工作困难，战胜工作挑战，不断实现自我超越和进步成长。面对工作困难和挑战，有些员工会坚韧不拔、不甘失败，奋力去解决问题，战胜工作挑战；而有些员工则会采取一系列自我设限、自我妨碍行为，来试图逃避或缓解工作困境带给自己的心理压力。员工可能会认为自身没能力克服困难，没资格迎接挑战等，当员工内心消极想法所产生的结构性阻力大于创造性张力时，他就是在自我设限、自我妨碍。自我妨碍虽在一定程度上有助于维护自尊，但却无助于增强自我工作能力，长期以往对员工及组织的成长都毫无益处。克服自我设限、自我妨碍等不良心理倾向，可以通过主动学习，提升工作技能，强化业务素养；同时加强心理素质锻炼和责任担当意识培养，在实际工作中用良好的自我表现来向他人和自己证明自身能力，不断强化和提升自我效能感与自信心，从而产生良好的自我效能感和自信心。

（三）促进自我成长

美国管理学家吉姆·柯林斯在《从优秀到卓越》一书中说，不管是作为员工还是组织本身来说，都有一种不断追求自我成长，不断实现从优秀到卓越跨越的成长本能。作为一名员工，不断激发内心自我成长、自我激励的动力和激情，在组织提供的平台上，充分施展自身才华，不断做出工作贡献，这是实现个人价值，获得组织认可和内心自我认同的一种有效途径。但是，在实际工作中，并非每一个员工都能不断实现自我成长，不断承担更大的工作责任，不断取得工作贡献和成果业绩。有些员工出于自我设限、自我懈怠、自我逃避及无法更好地与周围环境互动等各种原因，他们内心自我成长的心理能量被压抑或转移到工作之外的其他地方了。

总之，要真正实现自我成长，首先要充分认识到，任何企业或组织都无法真正负责员工个体的成长。正如彼得·德鲁克所说，“承担自我成长责任的，不是上司和组织，而是自己”。其次，还必须做到专注工作、负起责任和拥有自信。专注工作意味着要“业精于勤”、要甘愿在工作上投入时间和心血，不但要及时完成定额工作任务，还要善于创造个人工作中的增值价值。负起责任是要求我们对工作尽职尽责，在自己职权范围内大胆发挥，主动积极。拥有自信，则要求我们在工作困难及挑战面前不胆怯，在失败面前不气馁，勇于追求成功。这三个条件息息相关，相辅相成，它们共同决定着我们能否不断自我成长、实现自我价值。同时，它们也提醒我们，如果对自我成长不满，就要多从自身上找原因，而不能以逃避自我成长的心态把问题都归咎于外部环境和所在组织。

自我激励的六个“黄金”步骤

在拿破仑·希尔的《思考致富》一书里面，首次揭示出6个自我激励的“黄金”步骤：

第一步：你要在心里，确定你希望拥有的财富数字——散漫地说：“我需要很多很多的钱”是没有用的；你必须确定你要求的财富具体数额。

第二步：确确实实地决定，你将会付出什么努力与多少代价去换取你所需要的钱——世界上是没有不劳而获这回事的。

第三步：规定一个固定的日期，一定要在这日期之前把你要求的钱赚到手——没有时间表，你的船永远不会“泊岸”。

第四步：拟订一个实现你理想的可行性计划，并马上进行。你要习惯“行动”，不能够再耽于“空想”。

第五步：将以上4点清楚地定下——不可以单靠记忆，一定要白纸黑字。

第六步：不妨每天两次，大声朗诵你写下的计划内容。一次在晚上就寝之前，另一次在早上起床之后——当你朗诵的时候，你必看到、感觉到和深信你已经拥有这些钱！

从表面上看这一组合是非常简单的，所以希尔博士一再叮咛："对一些没有接受过严格心灵锻炼的人来说，以上6个步骤是'行不通'的。请你先记住，将这些步骤传下来的人不是没有完善意识和成功勇气的平庸之辈，而是世界上经济和政治领域中颇为成功的一些杰出人物。"

拿破仑·希尔又说："要是你知道这6个步骤是已故的托马斯·爱迪生所详细审查过并认可了的，可能你会有更大的信心。爱迪生终生服膺、实践这六大步骤——他知道这些步骤不仅是致富的重要途径，更是人们要达至所设目标的必经之路。"

三、做一个有效的追随者

在现代管理中，一个有效的追随者所应该具有的特质已经不是过去人们意识中一味地言听计从、简单地忠于职守了。一个有效的追随者应该具有以下特质：批判性和独立思考能力，积极主动的工作态度，愿意承担责任的决心，敢于挑战权威的勇气，自我管理的能力等。这些特质使得追随者成为一个组织中的核心力量，使他们成为组织高效的根本所在。

（一）何为有效追随者

追随者是指在领导活动中执行具体决策方案和实现组织活动的行动者。一是相对被领导者，即领导者直接统率的下级部属；二是绝对被领导者，即广大职工群众。有效的追随者既是批判的、独立的思考者，又是积极参与组织的活动者。

一是具有自我领导与自我管理能力。有效的追随者能够自我思考、独立工作，不需要领导者时时刻刻的指导，也就是说有效追随者的成熟度是很高的。

二是具有诚实、勇敢和值得信赖的道德品质。有效的追随者是具有批判性的独立思考者，他们的知识和评价均值得信赖。他们有很高的道德标准，信誉良好，敢于对自己的错误承担责任。

三是具有较强的目标承诺感。有效的追随者除了思考自己的生活之外，还会对一些事情做出承诺，如一个目标、一件产品、一个团队、一个组织、一种想法。大多数人都喜欢和除了体力投入之外还有情感投入的同事合作。

四是凭借自身的能力充分实现目标。有效的追随者尽力发展自身的技能并为达到最佳效果而努力，他们掌握对组织有用的技能，对自己的工作要求比对工作群体的要求还高。

表 4–3　追随者的类型

划分标准	类　型
追随者与领导者所在的组织	组织内追随者、组织外追随者
追随者在领导活动中的作用	重要追随者、一般追随者
追随者所追求的目的	信仰追随者、利益追随者
追随领导者的时间	长期追随者、短期追随者
追随者隶属部门的性质	公共部门、私营部门的追随者

（二）有效追随的实施

追随者要想实现有效追随，既要在明确追随职责的基础上塑造有效特质，还要通过调节心理状态、学习与实践、培养共享价值观等途径提升自身的成熟度，进而认识到追随权力的重要性，以便在领导活动中成为理想的追随者。

1. 重视自己的工作以及工作在组织中的影响，做到爱岗敬业。爱岗敬业是职业人员道德规范的基本点，这就要求追随者要明确组织的发展目标，同时也明确自己的工作目标，认识到无论身处何职，自己的工作对组织的发展都有着重大的意义。

2. 提高对事物的思考能力和分析能力，转换思维和视角，学会站在高位，将自己与领导者换位思考。常言道“不在其位不谋其政”，但是追随者要做到不在其位而要其政。将组织的发展视为自己的使命，将自己置于领导者的身份，对组织做出充分的思考，从而找到能为组织做出贡献的最佳的工作方法。

3. 培养事业心和责任心。俗话说不想当将军的士兵不是好士兵。这就要求追随者不仅要有事业心，而且要积极培养自己做事、思考的能力。事业心对于追随者是最为重要的，事业心不仅可以保证追随者认真对待自己的工作，而且将工作当成个人职业生涯规划实现的重要途径。追随者把组织的目标与个人的目标统一起来，这样对组织的发展非常有利。

第三节　激励型领导

在当今时代，人力资源管理的目标不仅仅是要千方百计地“买到员工全身心的投入”，更要培养、塑造员工的事业心，使得组织成为领导者与员工共同创业、一起成长、携手并进的事业平台。因此，现代领导者不能仅仅着重于“高业绩、高奖励、高回报”的结果式管理，而更要从日常的行为、过程管理中，点点滴滴，切实关注员工的成长与提升。为激发员工的工作热情，培育员工的工作技能，应学会做一名激励型的领导者。

一、让员工充分参与

2012年，阿尔伯特·哈伯德出的一本书《把信送给加西亚》风靡全球。书中描述了这样一个故事：1898年，美西战争中，英勇无畏的中尉罗文只身一人进入古巴，给西班牙反抗军首领加西亚将军送一封决定战争命运的信。他没有任何推诿，而是以其绝对的忠诚和责任感奇迹般地完成了这项“不可能的任务”。故事的主人公罗文“不问原因，不讲条件、不折不扣、排除万难”地将一封事关重大的信件亲手送到加西亚将军的手中，已成为高执行力的典范。一时间，“谁能把信送给加西亚？”成为对职场优秀人才的热切呼唤。

管理界一些学者开始热议，优秀员工应该是能够不讲条件、不打折扣地完成任务，但是罗文是一名军人，服从命令是他的天职，他应该恪守“不该问的绝对不问、不能讲的绝对不讲”的军事保密原则。而在实际工作中，如果仅仅把员工当作执行命令的士兵，指望他们能够“不用别人告诉，就能出色地完成工作”，简直就是一种奢望。研究表明：只有让员工充分参与工作，让他们理解工作的意义，明确工作的目的，清晰工作的方向，掌握工作的方法，才有可能高效率、高效果地完成自己的工作。美国通用电气公司前总裁杰克·韦尔奇对此特有经验，他总结道：“当一个员工知道自己想要什么的时候，整个世界都将给他让路。”

让员工充分参与，就是让员工或下级尽可能地参与组织决策及各级管理工作的研究和讨论。这样一来，可以使他们感受到领导者的信任、重视和赏识，能够增强他们的归属感并满足他们受人赏识的需要，从而体验到自己的利益同组织的利益及发展密切相关，增强责任感。同时，领导者与下属商讨组织发展问题，对双方来说都是一个机会，从而给人一种成就感、尊重感。事实证明，参与进来会使多数人受到激励。参与管理既是对个人的激励，又对组织目标的实现提供了保证。行为科学研究表明：由需求促发的行为不但是强大而持久的，而且会使人的潜力和能力不断发挥出来。通过满足、引导或激发员工的内在需要，使单调繁重的工作成为满足需要的一种手段或途径，从而使工作不再是一种负担，也不再是外界强加的任务。

二、注重特别激励

马云认为，“如果不认同你的下属，让他们长期处于失败之中，其实是留不住人的，所以奖励非常重要”。在他看来，奖励促进改变。阿里巴巴有一些奖励制度，比如申请“卡通”技术专利获得物质奖励 1000 元，团队获得专利会赢取季度的金管家奖励，另外，还有“芝麻开门奖”“一千零一夜奖”（用来奖励虚拟团队的）。个人获得专利，则由首席执行官颁发特别荣誉奖。首席执行官荣誉奖分年度奖和季度奖，就像被奥斯卡提名一样，每到评奖时刻，被提名候选人都会非常紧张，压力很大，因为这要求个人或者团队，业务清晰、成熟。同时，每个部门的业绩与培训挂钩，根据业绩多少，获得相应的机会培训。阿里巴巴还建立了“管理夜校”，员工必须完成这些课程才能获得升迁。马云设有公开信箱，每周高层和员工有圆桌会议，员工可以直接跟马云或公司高层沟通。

西方心理学家奥格登在 1963 年进行了一项警觉实验，通过记录测试者对光强度变化的辨别能力以测定其警觉性。测试者被分为 4 个组：

A 组：控制组，不施加任何激励，只是一般地告知实验的要求与操作方法；

B 组：挑选组，该组的人被告知，他们是经过挑选的，觉察能力最强，理应错误最少；

C组：竞赛组，他们得知要以误差数量评定小组优劣与名次；

D组：奖惩组，每出现一次错误就罚款，每次反应无误就发少许奖金。

请猜一猜哪一组的警觉性最高，将在4组之中胜出？很多人一定会想：不是C组就是D组吧，因为人总是希望自己能够在竞争中胜出；人在“重奖之下”也往往个个都成为“勇夫”。但是，心理学家的实验结果却出乎意料：经测试，B组的警觉性最强。通过此项实验，进一步证明了激励的重要作用。由此可见，单凭业绩考核，奖优罚劣与业绩排名、末位淘汰并不能很好地激励员工发挥潜力，而给予员工必要的信任、鼓励，却可以收获更好的效果。

为了保证员工更好地、更积极地、更高效率地工作，许多组织努力把自己的组织变为家庭式友好组织。通过制定一系列“非标准”或灵活的工作方式等政策，对工作与家庭问题做出回应。如：帮助员工家庭成员重新安排工作；提供日托服务。帮助员工解决日常生活中的困难；实行弹性时间制，“双人”工作制，紧缩工作时间制或在家办公，使员工拥有更大的灵活性来处理家庭事物。

惠普的“工作—家庭”平衡模式

惠普公司的前总裁曾经说过：“我认为工作家庭平衡是所有公司都要处理的问题，不论公司规模大小、历时长短都在所难免。‘工作—家庭’的平衡是我们管理层近十年所面临的最大挑战。”惠普通过创建家庭式友好组织的形式，很好地推动了员工“工作—家庭”平衡。一是改变请假制度。出于对员工诚实性的充分信任，惠普允许员工请假，员工能以任何理由申请请假。二是构建服务体系和基本附带保障。帮助那些因种种原因要离职几个月乃至几年的员工，如果有人需要自由支配时间，需要休整5年，公司就给他，公司继续提供医疗保障，并保证再回聘他。三是建立员工家属保障。惠普和其他 21 家公司共同出资 1 亿美元建立并增进全美家属保障计划的覆盖面。另外，还资助一项保险计划，让员工投保并捐款用于其本人和家属的长期照料。四是有正规推行的各种工作时间表。在公司下属的金融事业部的 60 名员工中，有 38 名试行每周 4 天，每天 10 个小时而不是 5 天 8 小时工作制。五是工作场所机动灵活。公司中有 10%~15% 的员工采用电讯联络的工作方式，在其他地方而不是办公室工作。

因此，激励型的领导者一定善于给员工“阳光”，让员工“灿烂起来”。虽然管理学家劳伦斯 · J. 彼得认为“在一个等级制度中，每个员工趋向于上升到他所不能胜任的地位”，但是，激励型的领导者一定是通过大胆授权、亲情关爱等特别激励形式，解决员工的后顾之忧，不断给予稍高于员工能力的、颇具挑战性的工作，配之以鼓励、信任的期许，员工必然能够成长发展得更快、更好。

CHAPTER 05

第五章

行为激励

行为激励是通过领导者在某些方面有意或无意的行为来激发员工的激励方法。由于领导者处于特殊地位，其一言一行自然就成为众人关注的焦点，因此在一个组织中，没有什么比最高层领导亲自过问某事或采取某项行为更能说明此事的重要性了。

第一节　在行为互动中改变

一、行为的特性

人的行为是人的器官和机体在客观事物的刺激下所发生的反应形式。而人的内在因素是根本，起着决定性作用。

（一）行为适应性

一般来说，一个正常人行为的出现，具有一定目的指向性。行为学研究表明，行为的目的在于寻求一种体验和满足，当出现好的满足条件时，个体就会倾向于继续保持这种状态，以保证这种行为方式带来的好结果。反之，如果一个人长时间的行为效果达不到既定的目标，那么这个人可能就会考虑调整行为方式让自己尽快找到满足自己需求的渠道和方法。这也体现了个体行为调整与环境相适应的关系，特别是个体在做出行为选择的时候可能要顾及集体的利益，这个时候个体就会评估自己的行为方式与社会公认的道德规范和行为准则有没有差别。如果一个人的心理活动和行为表现与社会公认的道德规范和行为准则相比较，显得过于离奇，或者其心理和行为与其年龄、身份和社会规范明显不符，不能为社会所理解、所接受，那么这种心理和行为对其本人和社会都有害。为了达到社会交往的目的需要，一般来说，个体会做出让步和妥协，调整自己的行为方式以适应组织的需要。

（二）行为直观性

行为不同于人的需要、动机，它本身是显性的。因此，它是很容易被观察学习，甚至模仿的。这也是美国心理学家华生（Watson J. B.）所倡导的行为主义最令人信服之所在。正如港剧《读心专家》里反映出来的，行为主体平时所表现出来的微表情，通过一定的行为识别也能够比较准确地获得其所思、所想。从这个意义上说，当一个人不注意时，他所惯用的行为模式可能悄悄影响着他与其他人的互动关系。当我们在做事情的时候，我们的行动也存在使另一个人或一群人受到影响的情况。由于行为的直观性，我们容易观察、学习和模仿，通过观察和仿效其他个体的行为而改进自身技能和学会新技能。领导者在一个组织中具有权威形象，他的言行举止特别容易被员工学习模仿。

二、领导行为的影响

领导者在组织内是举足轻重的人物，起着关键的作用。因此，领导行为在组织中起着协调个人需求和组织要求的作用。在一个组织中，所有的成员有被人了解和激励的需求，有为实现组织的目标尽其所能做出贡献的需要。领导行为的作用具体表现为以下几个方面。

（一）指挥作用

科·杨（K. Youg）在《社会心理学手册》一书中认为：“领导是一种统治形式，其下属或多或少地愿意接受另一个人的指挥和控制。在具体的组织活动中，需要有头脑清晰、胸怀全局，能高瞻远瞩、运筹帷幄的领导行为帮助员工认清所处的环境和形势，指明活动的目标和达到目标的途径。这要求领导者必须具有广博的知识、深邃的思维、敏捷的反应、良好的判断力，有能力指明组织的战略方向和需达到的目标，同时又必须是个有影响力的行动者，这样才能率领员工为实现组织的目标而努力。

（二）激励作用

在组织中，员工积极工作的愿望能否变成现实的行动，取决于员工自身的经历、学识、兴趣及需要的满足程度等。当员工的利益在组织的各项制度中得到切实的保障时，员工的积极性、智慧和创造力就会充分发挥出来。因此，需要领导行为创立满足员工需要的各种条件，通过激励员工的动机来调动他们的积极性，激发他们的创造力，鼓舞士气，使组织中的每个人都自觉地融入组织的目标中去，为实现共同的目标而努力工作。引导员工向共同的目标努力，激发员工的工作热情，使其在组织活动中保持高昂的积极性，这便是领导行为在组织和率领员工为实现组织目标而努力工作中所必须发挥的具体作用。

（三）协调作用

在许多员工共同参与、协同工作的组织集体活动中，即使有了明确的目标，也会因为每个人的理解能力、工作态度、进取精神、性格的不同而产生不协调的状况。再加上一些外部因素的干扰，使得领导者与领导者、领导者与员工、员工与员工之间还存在思想上发生各种分歧、行动上出现偏离组织目标的情况。因此，就需要领导行为来协调人们之间的关系和活动，引领大家朝着共同的目标前进。

三、领导者与成员也是一种“交易”

美国经济学家加里·斯坦利·贝克尔（Gary Stanley Becker）在他的著作《人类行为的经济分析》中指出，人的行为是万变不离其宗的，各种人类行为都可以归源为效用最大化。而经济分析是效用最大化、偏好稳定和均衡分析的三位一体，它可以对人类行为做出统一的解释。从这个意义上讲，领导行为是一种交易或成本——收益交换的过程。

1985 年，巴斯（B. M. Bass）正式提出了交换型领导行为理论。他认为，交换型领导行为建立在交换过程的基础上，主要包括权变与非权变性两种奖励行为和权变与非权变性两种惩罚行为，实施不同的奖励和惩罚会导致不同的结果。所谓权变性奖惩是指根据下属的绩效进行奖励和惩罚；非权变性奖惩是指进行奖罚时不依据下属的绩效。巴斯把交换型领导行为分为权变奖励领导行为和例外管理领导行为两种，并随着领导者活动水平以及员工与领导相互作用性质的不同而不同。

所谓权变奖励领导行为是指领导和下属间的一种主动、积极的交换，领导认可员工完成了预期的任务，员工也得到了奖励；例外管理领导行为则指领导借助于关注员工的失误、延期决策、差错发生前避免介入等，与下属进行交换，并按领导者介入时间的不同分为主动的和被动的两种类型。主动型的例外管理领导者，一般在问题发生前，持续监督员工的工作，以防止问题的发生。同时一旦发生问题，立即采取必要的纠正措施，当然也积极搜寻有可能发生的问题或与预期目标偏离的问题。领导者在员工开始工作的时候，就向员工说明了具体的标准，并依照这个标准监督误差。而被动型的例外管理领导者，则往往在问题已经发生或没有达到规定的标准时，以批评和责备的方式介入。一般情形下，领导者一直等到任务完成时才对问题进行确认，也往往在错误发生后才说明自己的标准，并以此提醒员工。当员工所处的工作以及环境已经不能为员工提供激励、指导和带来满意感的时候，这种领导行为才具有效率。

第二节　以榜样的力量激励人

榜样的力量是无穷的，我们每个人在成长过程中，都会从先进人物身上吸收营养和力量。在员工管理当中，领导者要善于树立起榜样式人物。好榜样可以使员工有榜样可学，引导他们积极向上，奋发工作；同时，也使榜样更加充分地发挥和施展自己的才智。因此，对于一个组织来说，榜样激励是一种行之有效的好方法。

一、重视工作典型行为

（一）榜样模仿实验的启示

在美国心理学家班杜拉的“榜样模仿实验”中，4~6 岁的儿童被分成三组，分别观看一个成年男子暴打充气娃娃的影片，但影片结局不同：一组儿童看到的是这个成人榜样受到奖励；而另一组儿童看到的是这个成人榜样受到严厉的惩罚；最后一组儿童看到榜样并未受到任何形式的奖罚（作为参照组）。接下来，儿童被送入一间游戏室，里面放有一个同样的充气娃娃。结果发现，看到榜样受奖励的那一组儿童，其攻击性行为最多；

而看到榜样受惩罚的另一组儿童，其攻击性行为最少。

这个心理学实验充分说明了榜样的力量是强大的。对榜样进行奖励，能够鼓励人们做出榜样的行为；而对榜样进行惩罚，则能够警示人们不要做出榜样的行为。观察者因看到榜样受强化而受到的强化，其过程如图 5-1 所示。

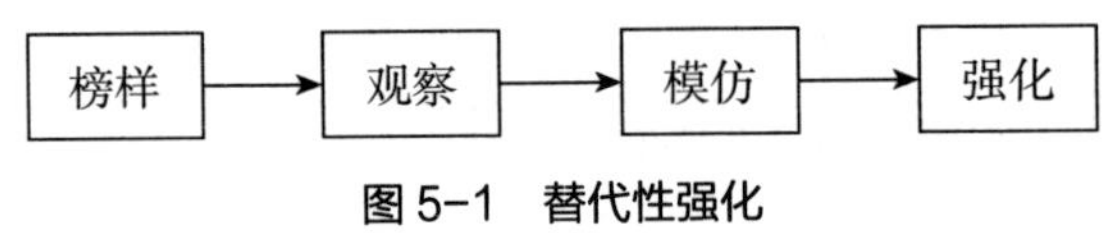

图 5-1 替代性强化

从上面的实验可以看出，领导者应该在组织中选择成绩突出、品德高尚、作风正派的员工作为榜样，让其他员工“学有榜样，比有标杆”。

（二）典型工作行为的意义

在组织中，典型工作行为具有示范性和靶向性。它可以指引员工模仿和学习这些行为方式，以达成组织高效管理的目标。

首先，科学管理告诉我们，组织需要的典型工作行为可以极大地提高工作效率。1965 年普雷马克（D. Premack）最早提出，利用频率较高的活动来强化频率较低的活动，从而促进低频活动的发生。这一原理被称为普雷马克原理。当组织中大多数人都通过学习不断表现出典型的工作行为时，根据从众心理效应和普雷马克原理，越来越多的员工就会有较一致的典型工作行为。

其次，典型的工作行为能够树立学习目标。典型行为具有目标导向的作用，可以激励员工朝着这个方向而努力。但是，必须确定一个清晰的典型行为表征，不然激励效果仍然达不到。某企业有一个员工小王经常在所有员工都下班后，还在编写和检查代码，很多次被研发总监看见。半年后，刚好小王所在的项目组的主管离职，研发总监便提拔他做了新的项目组长并且加了薪。但是之后，虽然公司主动加班的人逐渐多了起来，但像小王一样在忙着编写代码的人却不见有几个。研发总监的本意是以升职和加薪来奖励勤奋工作的小王，同时想激励其他员工向小王看齐。但是，他的失误在于应该奖励小王勤奋编写代码的行为，而不是勤奋加班的行为。

表 5–1 工作典型行为和事例描述

典型行为	得分	事例描述
严格认真	1	由于不严格、不认真导致工作的疏漏但又没有采取补救措施
	2	工作出现问题，但积极补救，不推卸责任
	3	按照岗位要求做，没有出现工作上的疏漏（未给单位造成损失）
	4	发现他人的疏漏，并帮助别人堵漏
	5	严格执行岗位职责，发现隐患，并采取措施补救
主动高效（工作效率）	1	被动执行上级安排的工作，遇到困难被动等待，对工作中的问题视而不见
	2	反映工作中的困难，但没有建议
	3	主动调动各方面的资源来达成目标
	4	工作中主动发现问题，提出有价值的改进建议
	5	独立提出切实可行的改进建议，并推进实施，取得良好的成效
客户意识	1	不关心客户的需求和感受，对客户提出的需求没有回应
	2	在上级要求和客户投诉的压力下，为客户解决问题
	3	积极响应客户意见和投诉，及时满足客户的要求
	4	主动征询客户需求及感受，并以友善、愉悦的态度提供服务，让顾客满意
	5	提供的服务超乎客户的期望，令客户非常满意
团队协作	1	不与团队成员沟通，完全以个人的设想来工作
	2	告诉团队成员自己的设想，但不响应对方提出的意见或要求，固执己见
	3	能够认真听取对方的意见，修正个人的设想

续表

典型行为	得分	事例描述
团队协作	4	与团队成员发生分歧时，不仅认真听取对方的意见，而且提出有价值的建议
	5	在协助对方获得成功，并达成团队整体目标的同时，实现个人的目标
学习总结	1	多次出现相同的失误
	2	能够不出现相同的失误，但不能防患于未然
	3	在工作中学习，能够从失误中吸取教训，举一反三
	4	有意识地学习岗位要求的知识技能和业界先进的经验，并在工作中加以实践
	5	除了岗位要求的知识技能以外，还学习其他的相关知识，工作能力明显提高

（三）塑造工作典型行为的方法

1. 行为规范

规范化的管理制度离不开行为规范对员工的具体指导和引导。在每个组织中，都应该具有由目标体系和价值观念所决定的组织行为和由此产生的员工所特有的工作态度和行为方式，这是组织文化的重要构成要素。它不仅表现为规章、制度、准则等成文的规定，更多的还表现为传统、习惯、禁忌、时尚等不成文的行为规范。员工行为规划则是根据组织现行制度和各部门、各岗位的职责，规划员工共同遵守的行为准则及实现的条件。领导者可以依据行为规划和行为规范，来评判员工的工作行为与之相符的程度，并以此作为奖惩的重要依据之一。奖惩的形式可以多样化，但是行为规范的长期遵守必然会形成一种组织文化，使得员工内化于心、外化于行。

2. 专家影响

专家影响是指领导行为影响力的来源，也就是说领导者拥有的专长、知识和技能。经济持续性的发展取决于技术的创新与发展，专门的知识技能也因此成为领导行为影响力的重要来源之一。一般情况下，如果下属认为他们的领导者，尤其是直接领导者有能力，并掌握了他们所缺乏的知识、技能或信息，那么他们就会对领导者的影响进行积极响应；如果他们认为他们的领导者缺乏这种能力，那么领导者的影响力将会大打折扣。领导者的专家力量取决于他个人的素质和能力，而不完全取决于他在组织中的地位。

3. 榜样力量

榜样力量是指领导行为的影响力来源于员工对领导者行为的认同、仰视和愿意模仿的程度。员工越尊敬、认同领导者，这个领导者的榜样力量就越大，影响力也就越大。领袖魅力的大小取决于领导者个人的素质、人格魅力等，而与他们在组织中的地位并没有直接关系。为了更好地发挥榜样作用，在树立榜样时，领导者应尽量从员工中选拔榜样。因为以员工身边的人作为榜样，更易于让员工对榜样的行为有所了解并给予认同，这在有效缩小双方心理距离的同时，也会增强员工赶超榜样的信心。领导者还可以依据员工的长处设立榜样，把员工的闪光点设定为其他员工学习的榜样。如客户满意度最高、销售业绩最多、工作中很少出错等，这些闪光点都可以成为选择榜样的标准。但是，需要注意的是，榜样行为不能设置过高。如果榜样的行为需要员工通过较长时间或需要花费很大努力才能做到，会使他们觉得想达到或超越目标是遥遥无期的，反倒会失去激励的作用。

曹操火烧乌巢亲自领军

官渡之战曹操和袁绍争夺北方霸权，曹操靠乌巢取胜来实现战局的逆转，原本袁绍的实力非常强，曹操的压力非常大，他“亲领五千精兵前去烧粮，应变得当，奇袭成功，扭转战局”。曹操亲自率兵，谋臣、重将都反对，当时，战争态势十分惊险，但曹操力排众议亲自带领五千人马，在整个过程当中，由于曹操亲自领军，激励了士气，虽然只有五千人马，但是却能击败十万之众，而且还能击破援军，取得火烧乌巢成功，这一战是扭转乾坤的一战。

二、以身作则，进行领导

领导者以身作则与我们日常语言当中的以身作则意思上有不同。它分为两方面：一方面，作为一个领导者首先要明确自己的价值观，找到自己内心真实的声音；另一方面，一个优秀的领导者在明确了自己的价值观之后应当让自己的行动和价值观保持一致，为他人树立榜样。示范式领导行为就是建立在下属对领导者的主动归依和主动模仿这一基础之上的。示范式的领导行为在特殊情况下会取得意想不到的积极效果。

（一）管好自己再管别人

领导行为方式包括民主型、专制型和放任型三种，改变他人的行为方式取决于领导者本身。看一个组织的健康程度，最简单的就是看领导者的行为。领导者的执行力和行动力决定了整个管理链条是否正常。员工在规范自己的行为过程中往往有从众心理，也会有寻找标杆的意识，即会跟着自己的领导者们学习。所以，在管理制度的执行过程中，很多人都会先看领导者会去怎么做，假如觉得领导者执行自己的制度时打了折扣，那么他会认为自己执行制度时打个折扣也无所谓。久而久之，无论是做什么事情，员工的执行力便和他的领导者形成一致原则，这可能就是在不自觉的行为认知中形成的行为规范。2003 年 Bill George 以相关公司的丑闻事件为背景，在他的著作《真实型领导》一书中首次提出了真实型领导。这种类型领导者的行为是以自己的价值观和信念为基础，他们的行为不是为了取悦他人、博取声望或出于某些个人或狭隘的政治兴趣，而是在即使面临强大的外部压力或有引发非真实行为诱因存在的情况下，仍能选择真实行为。

（二）以身作则，让员工看到希望

在任何一个组织里，领导者都是下属的一面镜子。可以说，只要看一看这个组织的领导者是如何对待工作的，就可以了解整个组织成员的工作态度。“表不正，不可求直影。”在日常工作中，破坏制度的人往往是领导者，而遵守制度往往意味着更严格的执行及更多的“付出”。事实上，在具体的组织情境中不执行的意愿会更强烈一些。如果领导者自己都不带头遵守，那么在下属不执行的时候，领导者往往会因为意识到自己也未执行，进而不好明示什么是好的标准以及不好的表现，这恰恰容易造成负面的从众效应，最终很多人都不执行，制度也就成了摆设。

麦当劳的“走动管理”

麦当劳快餐店创始人雷·克罗克是美国社会最有影响力的十大企业家之一。他不喜欢整天坐在办公室里，而是把大部分工作时间都用在“走动管理”，即到所有分公司各部门走走、看看、听听、问问，随时准备帮助下属解决工作中遇到的问题。麦当劳公司曾有一段时间面临严重的亏损危机，克罗克发现其中一个重要的原因就是公司各职能部门的经理有严重的官僚主义倾向，习惯躺在舒适的椅背上指手画脚，把许多宝贵时间耗费在抽烟和闲聊上。于是克罗克想出一个“奇招”，将所有经理的椅子靠背锯掉，并立即执行。开始很多人骂克罗克是个疯子，不久大家开始悟出了他的良苦用心。管理者们纷纷走出办公室，深入基层，开展“走动管理”，及时了解情况，帮助员工们现场解决问题，最终使公司扭亏为盈。

党的十八大以来，以习近平同志为核心的党中央带头落实八项规定，为改进作风做出了行动示范，一级做给一级看，一级带着一级干，有力推动党风政风改进，这正是领导者以身作则的最好诠释。正所谓，风成于上，俗形于下。领导者带头示范，这种正向的激励，是带动广大员工模仿学习的无声力量，是组织文化建设的重要方法。

（三）做一个“公仆”型的领导

以身示范可以带来良好的执行力，同时也会赢得下属的尊重和认可。在管理过程中，如果领导者期望或者要求下属做好工作，那么领导者必须要做得同样好甚至是更加好，这样才能给员工树立一个正确的“标杆”，让自己树立威信，形成良好的“从众”氛围，让组织各项工作有条不紊地进行。

其身正不令而行，其身不正虽令不从。领导者要形成真正的影响力，就需要身正令行。正如联想的开会制度，不管是谁开会迟到，都要罚站，哪怕是总裁柳传志本人。“公仆领导”对沃尔玛的成功至关重要。沃尔玛创始人山姆·沃尔顿先生倡导的企业文化之一，就是团队领导者要为他人服务。一个尽其所能来帮助团队完成工作的领导者，可以有效促进个人努力和团队合作的完美结合。一个企业中，“公仆领导”的服务对象包括他的员工、他的同事、他的合作伙伴、商场的顾客以及社区的邻居。团队的领导者们通过培训、表扬及建设性的反馈意见帮助新的同事认识、发觉自己的潜能，使用“开放式”的管理哲学，在开放的气氛中鼓励同事多提问题、多关心公司。在沃尔玛，领导者们与团队共同参与决策制定、实际解决问题、虚心请教他人并付诸实践。他们都是一流的聆听者，他们关心团队成员、为团队收集资源、知道怎样提炼他人的知识和精髓。他们知道怎样取得信息和资源，也善于授权他人大胆尝试，善于分享信息、权限和责任。

三、榜样激励的艺术

在美国一家速递公司里曾经发生过这样一件事情。一次，公司的一名职员在把一批邮件送上飞机之后忽然发现了一封遗漏的信件。按照速递公司所做的规定，邮件必须在发出后 24 小时之内送到收件人手中，可这时飞机已经起飞，怎么办？这位员工为确保公司的声誉不受损害，果断地自掏腰包购买了第二班飞机的机票，按照信上的地址，亲自把这封信送到了收信人手中。后来，公司了解了这件事的经过后，对这位员工给予了优厚的奖赏，以表彰他这种认真负责的主人翁态度。这件事被永远地载入了公司的史册，它对形成良好的企业文化起到了非常巨大的作用。由此，美国速递公司职工以工作为己任、视公司声誉为生命的行为蔚然成风。

领导者在选定了榜样之后，就要利用榜样来激励他人。在具体操作上，领导者可以参考以下几点。

第一，对榜样进行广泛的宣传。领导者要对榜样的事迹进行宣传，提供便捷的宣传资料供其他员工学习，否则就无法发挥榜样激人上进的作用。对此，领导者可以采取以下措施：宣传榜样的事迹要真实，以增加可信的程度；多渠道多时段地宣传，强化效果；对反面典型也要进行适当的宣传，以起到警示的作用。

第二，利用榜样的经验引导员工。领导者可以让榜样向团队成员介绍经验，或者进行相应的培训，这样有助于深入了解榜样的实际情况，便于言传身教。长此以往，不仅能使其他员工认可榜样的工作，更能给其他员工以良好的引导。对此，可以以某一时间段为一个经验传授或培训周期，以确保经验传授的效果。

第三，给榜样以明显的、使人羡慕的奖励。给予榜样的奖励不仅是物质奖励，更重要的是无形的、受人尊敬的精神奖励和待遇，如提拔、授权等，这样才能激励其他员工，使他们为享受相同的待遇而更加努力地工作。但是，需要注意的是，领导者应维护和管理好榜样的心理秩序，让他们更好地发挥榜样作用。

第四，保持榜样自我激励。领导者还应关注榜样的成长，教育他们戒骄戒躁、发扬成绩和克服不足并不断前进，避免有些员工一旦成为榜样后就不思进取。心理学中的“贴标签效应”，能有效帮助领导者针对榜样员工可能出现的骄傲行为进行防范。因为，当人们一旦被贴上了标签，就会主动管理自我印象，并努力让自己的行为与所贴的标签内容保持一致。如果把一名员工设定成为“工作准确度高”的楷模，那么他就会在工作过程中自觉地提醒自己，保证工作精益求精。

此外，领导者还要经常提醒榜样注意细节，增强榜样的抗压能力。当一个人成为让他人效仿的榜样时，其一言一行都会受到他人的关注。一旦处理不当，就会影响他在其他员工心目中的形象。如果榜样在不经意之间犯了错，那么会比普通员工更容易受到领导者或他人的指责。因此，榜样还需有强大的抗压能力。领导者不仅要让榜样能够接受眼前的事实，坦然接受惩罚，还要让其树立起战胜困难的信念。

CHAPTER 06

第六章

环境激励

环境激励主要是指通过改善和优化政策环境、工作环境和人际环境等方面来营造舒适的员工工作、成长与发展空间，不断激发员工自身潜能的激励方式。一个组织面对激烈的人才竞争，需要开发员工的潜在能力和直接引进优秀人才双管齐下。对此，领导者要积极搭建平台，优化政策制度的软环境和改善工作的硬环境。本章仅就软性环境的激励方面进行展开。

第一节　搭好平台

一、营造良好的发展环境

（一）微笑的力量

一位诗人曾说过："你需要的话，可以拿走我的面包，可以拿走我的空气，可是别把你的微笑拿走。因为生活需要微笑，也正因为有了微笑，生活便有了生气。"微笑可以让领导者与员工之间更容易沟通，可以使组织形象更深刻地印在客户的脑海里。每个领导者的目的无非是想让员工竭尽全力地做好工作，使他们积极主动而又不带情绪地把工作做好。微笑是人类最美、最动人的表情，可以温暖人心，可以消除怨恨，也可以拉近人与人之间的距离。

实践表明，积极的工作氛围更有利于员工开展工作。领导者要学会微笑管理，营造良好的工作氛围。首先，领导者的微笑一定是发自内心的，不带有任何虚情假意，真诚地给予员工关怀、自信和尊重，让他们感受到家庭般的温暖，使他们更积极地做好“家庭”工作。微笑管理的目的不是用微笑来代替管理，而是强调在管理过程中，领导者要时时刻刻用微笑来面对每一位员工和每一件事情。在任何情况下都不要视员工为陌生人，把员工当出气筒。《论语·学而篇》中说道，“道千乘之国，敬事而信，节用而爱人，使民以时”。孔子所说的三个治国良策都具有一个共同的观点，那就是“以民为本”，在重视人性化管理的今天，微笑管理更值得领导者们去学习。

美国著名的企业家吉姆·丹尼尔靠一张“笑脸”神奇地挽救了濒临破产的企业。丹尼尔把“一张笑脸”作为公司的标志，公司的厂徽、信笺、信封上都印上了一个乐呵呵的笑脸。他总是以“微笑”飞奔于各个车间，执行公司的命令，进行自己的管理。结果，员工们渐渐地被他感染，公司在几乎没有增加投资的情况下，生产效益提高了80%。公司员工友爱和谐，上下同心同德，其乐融融，公司的信誉大增，客户盈门，生意红火，不到5年，公司不仅还清了所有欠款，而且盈利丰厚。美国西南航空也非常看重让员工在工作中找到乐趣，所以创始人罗伯特·凯勒经常鼓励员工以轻松的心情看待他们的工作和竞争，并努力创造一种充满欢乐气氛、笑声、幽默感的工作环境。西南航空认为，工作愉快的人一定比较主动，员工不一定要抱着严肃的态度才能完成工作。一种让员工体验快乐的感觉可以促使他们全力投入工作当中。

（二）给员工如家的感觉

日本经济学家松本顺认为："现代企业中，经营者和员工之间必须建立崭新的家长经营关系。经营者要把员工当成自家人一般，所谓自家人，并不意味着娇宠和照顾；相反，要像父母纠正子女的错误一样，关心员工的成长，一发现缺点就毫不留情地指出来，并把他们的潜力引导到正路上去。"日本的一家伊藤四日堂公司以经营超级市场为主，公司店员精通商品知识，而且服务周到，深得顾客满意。伊藤社长谈他管理店员的经验时说："本公司 80% 的员工是未婚女青年，我认为公司受她们家长的重托，承担了培养和教育的责任。所以，从公司来说，绝不能让她们成为见到熟人连招呼也不打的小姐回到父母身边，或者连东西也不会买的小姐嫁到未来的丈夫处去。基于这个缘故，公司对她们要求十分严格，在商品知识的教育方面，也花了很大一笔开支。要常常告诫她们，学会当一名合格的店员，不仅为了顾客，为了公司，也是为了她们自己。"他为员工的前途着想，员工自然会怀着感激之情，严格要求自己做一名好店员，从而积极主动地为公司前途着想。

但是，当前，许多单位都存在员工离职率居高不下和工作满意度不甚理想的现象，领导者们感叹人才流失的同时，也担心他们"身在曹营心在汉"，不能全心全意投入工作中来，精神离职的状况也愈演愈烈。所以，很多情况下不是老板炒员工鱿鱼，而是员工炒老板鱿鱼，这就给领导者们带来了巨大的压力。研究表明，现在的员工，尤其是"80 后""90 后"有时候仅提升工资待遇是远远不够的，组织上还要为其提供优厚的福利，不仅需要量化的标准，更需要无形的待遇。如果一个组织不能给员工提供家一样的幸福感，长期地积极工作是很难的。所以，一个组织要想发展壮大，不仅要有刚性的制度规范，更要培养员工水一样的性情，才能共同打造家一样的温馨。

美国人本主义心理学家马斯洛（Abraham H. Maslow），在其《动机与人格》一书提出了人的5种层次的不同需要，这5个方面的内容从低到高依次是：生理需要—安全需要—归属需要—尊重需要—自我实现需要。一个组织中，领导者要努力满足员工的各项需求，如提供稳定可靠的就业，满足员工的生活需求和安全感。归属感是指员工在组织中能有家的感觉，在这一层次上感情、人文因素要大于经济因素。员工之间的密切交往与合作、和谐的上下级关系、共同的利益等都有助于增强员工的归属感，而员工的归属感是组织凝聚力的基本条件。尊重是指人的社会性使每个人都要求得到社会的承认与尊重。在当前的社会中，经济收入和职位往往是社会地位的一种体现。自我实现是指当前面的需求基本得到满足以后，人们将产生进一步发展、充分发挥自己的潜能的需求，即自我实现。这5个方面除了生理需求外，其他4个均为情感需要。这些以情感为主的需要都要依靠领导者更为人性化的制度设计和柔性环境的积极营造。

通用汽车公司的工作生活质量运动

美国通用汽车公司早在1973年就开展了工作生活质量（Quality of Working Life，QWL）运动，重视整体工作环境对员工的积极影响。该公司和美国汽车工人工会联合成立了改善QWL的全国委员会，定期研究讨论公司中的各个工会如何联合开展QWL事业，促进工会和公司管理层重视QWL过程。通用公司为此确定了5个最低限度的标准：1. 建立一个能够监督QWL过程的小组；2. 确定一份将QWL与其他经营目标相协调的长期计划；3. 通过经常性的调查来评价QWL；4. 通过讨论会或其他活动形式，使QWL概念和QWL技术更广泛地被员工了解；5. 动员更多的内部资源，以保证QWL运动向前发展并实现目标。在通用公司的一个车间里，采用企业小组的形式开展QWL工作。团队的组织形式可以使员工能够定期在小组中碰头，解决影响他们工作环境和工作任务的问题，具体的团队责任有很多，如：培训团队成员；评估个体成员能否圆满地完成任务；在小组工作范围内对工作效率做出预测，对工作摩擦等问题做出解决；对新员工的发展与成长提供帮助；选择团队领导；商讨产品质量标准；使工具和设备在工序标准内运转；等等，通过QWL运动不断提升组织凝聚力、员工的工作满意度和参与感。

（三）工作本身就是最好的激励

实践表明，把工作本身变成激励手段，更能体现出领导者的领导能力和管理水平。日本著名企业家稻山嘉宽曾经说过，“工作的报酬就是工作本身”，这句话深刻地道出了工作丰富化这种内在激励的重要性。因为当员工解决了温饱的问题以后，他们更加关注工作本身是否具有吸引力，即工作内容是否具有挑战性，是否能够显示成就，是否能够发挥个人潜力，是否能够实现自我价值。因此，注重工作本身所具备的激励作用，并能在工作中有效地运用非常重要。

其实，工作丰富化本身没有严格的固定规则，美国哈罗德·孔茨在《管理学》中提出了下列使工作丰富化的办法：①在决定某些事情，如工作方法、工作顺序和工作速度，或接受还是拒收材料等方面，可以给员工以更多的自由；②鼓励下属参与管理和鼓励员工之间相互交往；③让员工对他们的任务有责任感；④采取步骤以确保让职工能够看到他们的任务，对企业的产品和福利方面是怎样做出贡献的；⑤最好在基层主管人员得到这种反馈之前，把员工的工作完成情况反馈给他们；⑥在分析和变动工作环境的物质方面，如办公室或厂房的质量、温度、照明和清洁卫生等，要让员工参加。

领导者应该让工作更加具有挑战性。没有人喜欢平庸，尤其对于那些年纪轻、干劲足的员工来说，富有挑战性的工作和成功的满足感，比实际拿多少薪水更有激励作用。事实上，很多员工对自己所负责的工作已经驾轻就熟，操作已经得心应手，他们希望有更多机会展示自己的技能，也愿意承受更高的挑战。因此，领导者应该适时给予机会，让他们不仅仅从事一道工序，还可以参与更多道工序中来，这样，不仅提高了员工主动参与的积极性，还能为单位储备更多的“多面手”。一般来说，优秀的企业善于给员工的工作增添意义，使他们觉得所从事的工作很高尚，他们担负着某种使命感，而且尽可能地让他们扩大工作范围，允许他们经常调换工作，调剂他们的身心或肢体的工作强度，促使他们对工作产生强烈的兴趣。员工通过工作本身获得价值感和满足感，他们所生产出来的产品更加优质，提供的服务更加周到，他们的价值得到领导者、同事和客户的普遍承认和赞赏，在这种情形之下，员工能够最大限度地发挥聪明才智、干劲和热情。

二、给员工一个合理的空间

（一）领导者不做“管家婆”

诸葛亮是一个雄才伟略、兢兢业业的三国名臣，亦是“鞠躬尽瘁，死而后已”的劳模。但是，最终被蜀国的事务所累“过劳死”，让人感叹万分。现代管理中，不少领导者都忙于帮助下属解决问题，甚至主动去找问题来解决，而员工形成依赖，一遇到问题就找领导者，把领导者当作答案，问题倒是解决了，但是员工只是原地踏步，得不到成长。久而久之，领导者处理的问题越来越多，领导者很忙，员工却很闲。一个优秀的领导者与组织发展的关系密切，他应该让员工清楚一个道理，不是一有问题就来找领导者，而要先尽百分之百的努力，先能自己解决的就绝对不要麻烦领导者。当然，如果遇到突发紧急的事情，员工自己无权限和能力处理的时候，必须马上汇报上级，这也是一种积极主动的体现。

一个组织中，领导者的勤奋、敬业固然会形成榜样示范效应，引导和带领员工积极工作。但是，领导者应该是有大格局，把握大方向的人。如果事无巨细都要过问，不仅浪费时间精力，而且也不符合管理学原理，影响工作效率。此外，如果领导者事无巨细、事必躬亲，可能会让下属感觉到没有信任感，不认可下属的工作能力和业务水平。长此以往，领导者和下属之间的隔阂必然会出现，工作消极性增多，既不利于培养锻炼员工的独立工作能力，也不利于组织的关系管理以及和谐氛围的营造。

（二）让员工对自己负责

管理学大师彼得·德鲁克说过，“人类在21世纪面临的最大挑战就是自我管理”。在经济全球化的大背景下，外部经济和市场环境迅速变化，一个企业要想更好更快地适应新环境，迎接市场环境新变化，适应客户新需求及竞争对手挑战所带来的新的发展格局，在很大程度上需要依靠组织迅速、准确而灵活地采取行动。然而，高效反应的组织行为与员工自动自发的责任心、敬业心及自我管理是密不可分的。因此，领导者要让员工学会自己根据组织的发展规划，结合本职岗位工作制订出弹性的工作计划和发展规划，然后学会自己管理自己的时间，一步一步地完成既定目标。

按照传统目标管理的思维逻辑，目标的设定是自上而下进行的。这样一来，一个组织可以将组织的目标进行层层分解，落实到具体的部门和工作岗位上，然而这样的设计缺乏灵活性，导致目标相对固定，容易因为外界环境的变化而导致目标的不可行或者无法完成，从而引起考核者与被考核者的矛盾。同时也很大程度地阻碍了员工的主动性与创新精神。为了解决这样的矛盾，领导者要充分授权，给予员工更大的权利和自主空间，可以让员工制订弹性的工作计划，让员工自己来安排完成目标的时间和方式，并可以在一定程度内进行目标调整，从而充分调动员工的积极性，激发员工的工作热情和创造性。

第二节　建好舞台

一、在尝试中成长

（一）让员工大胆尝试

培根曾经说过："人生最重要的才能，第一是无所畏惧，第二是无所畏惧，第三还是无所畏惧。"一个组织中，高素质的员工善于实践行动，敢于冒险探索，具有创新的勇气和胆识，不惧怕失败，有足够的意志力和信心去应对工作中的各种挑战。

著名企业英特尔公司在招进新员工以后，非常注重鼓励员工不断挑战。当然，盲目迎接挑战只会带来失败，不可能带来创新。英特尔所推崇的创新是在接受挑战之前能够掌握情报，并进行充分评估，尽可能地了解到种种变通之道与替代方案，以增加对失败的控制力，这被称为"可预期的风险"。除了迎接挑战，对错误的包容也同样重要。在公司里，面对"不可预期的风险"失败是能够被接受的。每一名员工都有机会贯彻自己的想法，由于组织扁平化，没有很多层的经理，员工可以在自己的级别上做出决定，不用什么事都去请示，诸如"你很有头脑，却在上司那里受挫"这样的情况在英特尔是不会发生的。也许有时员工不确定计划方案是否可行，去跟经理谈，通常经理会鼓励员工去尝试，而不是泼冷水。正是在这样的文化氛围中，公司的员工不害怕失败，能够积极主动地进行创新。

（二）多些容错机制

德鲁克曾说：“如果创新失败，他们应该有权选择回到原来的工作职位，并享有原来的薪酬。诚然，他们由于失败而不可能得到奖励，但也不能因为尝试创新而遭受惩罚。”李克强总理在2016年“两会”政府工作报告中指出，健全激励机制和容错纠错机制，给改革创新者撑腰鼓劲，让广大干部愿干事、敢干事、干成事。“容错机制”就字面理解，即由某种系统控制在一定范围内的一种允许或包容犯错情况的发生。在现代管理中，不能“容错”的现象比比皆是。比如，在下属犯错误时，领导者会言辞激烈地批评下属一番，有时甚至会把下属骂得狗血喷头。他们认为这样可以警醒员工，起到杀一儆百的作用，可以维护领导者的尊严。

但是，对于下属的一些非根本性的错误，不能及时“容错”，往往会极大地挫伤员工的积极性和创造性，还很容易激起下属的对抗和逆反情绪，也不利于下属改正错误。曾经受雇于美国钢铁大王卡内基、年薪百万的职业经理人施考伯有一句名言：“实际上极易扼杀一个人雄心的就是他上司的批评。”对于身处逆境的员工来说，领导者的批评往往更会使其产生深深的挫折感，甚至背上沉重的精神负担，进一步影响工作和生活。实践证明，聪明的领导者会在管理中引用“容错机制”，宽容下属的错误，引导下属从错误中汲取教训。某个项目部测量班班长因为疏忽，给项目部造成了近10万元的经济损失。这名测量班长主动找到项目经理提出辞职并同意接受任何处罚。可是项目经理却说：“你疯啦？我们刚刚给你交了10万元的学费，你想我们会让这么一大笔资金从项目流失掉吗？”后来，这名测量班长汲取了教训，在工作中兢兢业业，不仅弥补了损失，反而给项目创造了更大的经济利润。年底他带领的测量班被公司评为先进集体，他个人也获得了项目部的经济奖励。这个项目经理通过容错不仅留住了人才，挽回了损失，而且获得了员工对组织的忠诚，帮助员工成长发展。

日本企业家稻盛和夫曾经说过，“因为我们从不因失败而处罚员工。如果一个员工在某项计划中遭遇失败，我们还是会立刻给他另一项任务……虽然前一个计划失败了，但是那个员工还是从中学到不少，并可以凭借过去的经验再向前迈进”。犯错误是员工在工作中必须经历的事情。领导者不能因为下属犯了一点错误，就将下属“一竿子打死”。当下属犯了错误，不能总盯着下属的过错，而是应多一些“容错机制”，以宽容的心态对待下属，变批评为激励，变惩罚为鼓舞，引导下属从错误中认识到自己的问题，并找到改正错误的办法，提高下属的工作能力。“容错机制”不仅会极大地激发下属的感恩之心，还会促使下属在以后的工作中更加努力地工作，以回报领导者的宽容和信任。

二、让优秀员工脱颖而出

（一）以人为本的制度激励

“以人为本”的概念是管仲作为执政理念首先提出来的，他任齐国宰相时，向齐桓公进言治国良策时明确指出，应当提高普通人的社会地位，应把他们当作治国之“本”。制度激励是一种内生动力机制，通过规则、制度、文化实现对组织成员的方向引导、动机激发与行为强化，持续调动员工的主动性、积极性和创造性。以人为本的制度激励，顺应员工成长的客观规律，突出制度的权威性和激励功能。一个组织出台的制度人性化程度取决于两个方面：一是制度本身是不是具有群众基础，能不能吐故纳新和自我完善；二是能不能从根本上持续激发员工开展生产劳动，尤其是创新活动的内生动力，从而实现制度功能的边际效应最大化。一个组织中的领导者应该以激励员工积极性、主动性和创造性的制度环境为工作重点，通过制度设计和文化建立激发所有人的潜在力量，为组织的可持续发展提供坚强保障。

海尔集团有一个“斜坡球发展理论”，说的是斜坡上的球体好比一个员工个体，球周围代表员工发展的舞台，斜坡代表着企业发展规模和商场竞争程度。促使员工实现自己的目标及前景有两个动力：内在动力是个人素质的提高，这是根本；球体外在动力是以企业制度为主的激励机制，是外部的推动力。同时，也存在两种阻力，内在阻力是员工的惰性，外在阻力是发展中的困难。员工施展才华的舞台取决于两个方面：球体的半径——员工的能力；球体的弹性——员工活力的发挥程度。企业发展规模越大，竞争越激烈，斜坡的角度越大，人才的竞争越激烈，人才的素质要求就越高。根据员工不同层次的需求，如适应服从、充分参与、自我实现等，分别给予不同的动力——激励机制。作为组织或员工只有不断提高自己的素质，克服阻力和惰性，才能发展自我、实现自我；否则，只能滑落和被淘汰。

知识经济时代的绝大多数员工，都会对自己未来的职业发展抱有一定的希望，并为自己制订发展的最终目标和阶段性目标，同时会积极为实现自己的愿望和目标创造条件。以人为本的制度激励是一个动态过程，一个组织必须结合员工的职业生涯目标和组织目标进行平衡设计，增强主体对制度的认同感、融和度和支撑力。通过人才成长的规律和培养的环境进行制度设计与优化，把人力资本开发到最大、人力资源配置到最优，实现组织整体绩效水平的最大化。

（二）给予员工成功的机会

对于员工来说，一个组织的魅力绝不仅仅是很高的薪酬，更重要的是它能够提供让他们实现梦想的通道。清末时期，太平天国起义领袖洪秀全，连续4次科举考试名落孙山，万分痛苦，诉说无门。起初，洪秀全还是很上进，很渴望谋取功名的，想改变“田舍郎”的命运，甚至把秀全两个字拆解开了，就是“我乃人王”，但是随着4次应试的失败，“初考时其名高列榜上，及复考则又落第”。他万念俱灰，发誓“不考清朝试、不穿清朝服”，最终走上了反清夺权的道路。

著名企业宝洁公司非常注重为员工提供实现梦想的通道，是主要采用内部提升制的企业之一。自1837年该公司成立以来，到1867年的30年时间里，宝洁公司曾花费了大量时间去思考和研究，用什么办法才可以让员工一直留下来？他们的答案是让员工对企业产生较强的归属感，使员工价值观与企业的价值观相吻合，而内部选拔制度非常有利于实现这两个目标。因此，宝洁公司采用内部提升的办法，不从外面招人做上司。宝洁提出：实行从内部发展的组织制度，选拔、提升和奖励表现突出的员工，而不受任何与工作表现无关的因素影响。提升取决于员工的工作表现和对公司的贡献。个人的发展快慢归根结底取决于自身的能力和所取得的成绩。

目前，内部选拔已经成为宝洁的企业价值观之一，成为企业文化的一个显著表现形式，也是宝洁用人的制度核心。所以，在宝洁公司，除了律师、医生等职务，几乎所有的高级经理都是从新员工做起。宝洁管理层95%以上的员工都是由应届大学毕业生培养起来的。在宝洁的内部提升理念和机制下，历任CEO都是从初进公司时的一级经理开始做起的，他们熟悉宝洁的产品，也熟悉宝洁的经营机制，更重要的是，他们对宝洁的文化有100%的忠诚。员工随着公司的成长而一起成长，这种自豪感和主人翁意识可以很好地保持公司的凝聚力，提高他们的工作满意度和激情。

三、适当创造危机感

“生于忧患，死于安乐”，这是海尔总裁张瑞敏经常告诫员工的一句话，也是海尔文化的核心内容之一。在海尔企业内部传阅着两幅主题为“适者生存”的漫画。一幅是老鹰喂食的故事：老鹰是所有鸟类中最强壮的种族，根据动物学家所做的研究，这可能与老鹰的喂食习惯有关。老鹰一次生下四五只小鹰，由于它们的巢穴很高，所以猎捕回来的食物一次只能喂食一只小鹰，而老鹰的喂食方式并不是根据平等的原则，而是哪个小鹰抢得最凶就给谁吃，在这种情况下，瘦弱的小鹰吃不到食物都死了，最凶狠的存活下来，代代相传，老鹰这一种族越来越强壮。另一幅是狮子与鹿对话的漫画，狮子说，我非常强壮，但如果我不去捕食，明天就会和鹿一样软弱无力。

小鹰抢食激励的法则就是优胜劣汰，将这一法则运用在管理活动中就会具有某种集体强化的自觉机制。通过竞争对手间相互的强化来激发内心的紧张感，在保证竞争的公平性的基础上，对竞争结果做出一定的评判。漫画中狮子的担心就是从反面进行激励的方法，它设置一种强烈的危机情景，使个体产生一种反作用力，进而形成强大的压力，最后产生“置于死地而后生”的效果。

《三国演义》里也写有运用这个原则赢得胜利的动人篇章。第三次北伐中原之际，姜维率军渡过洮水，背水列阵，迎战魏军。并且奇正互用，暗中派两支部队绕到敌人身后，相机策应和包围敌人，队伍列好之后，魏军 4 名将领出战姜维。姜维略战数合，便拨马望本阵败退，魏军大队人马一齐赶来，眼看蜀军退到洮水边上，再也无路可退了，姜维便大声呼叫：“事急矣！诸将何不努力！”蜀军闻言一齐奋力杀回，魏军败退，绕到魏军身后的两路人马也乘机包抄，大获全胜，斩首万余。

现代心理学研究证明，人们在险恶之际，既会不遗余力地奋斗求生，发挥潜在的能量，爆发出异乎寻常的勇气；又会自动放弃平素的偏见和隔阂，团结一致。如果员工觉察不到危机感，就必须创造一种环境，让他们产生不稳定感。营造危机感其实就迫使员工在风险与稳定之间建立适当的平衡点。心理学上的两个重要发现解释了这种现象。首先，耶克斯－多德森（Yerkes–Dodson）规律表明，随着焦虑程度的加深，人的业绩也会提高。当焦虑度达到一个理想水平时，业绩也会随之达到最高点。不过，如果焦虑程度过高，业绩也会下降。其次，当成功概率达 50% 时，人们取得成功的动力最大。换句话说，如果人们追求的目标或接手的任务具有挑战性，但是仍有极大的成功可能性时，人们追求目标或接手任务的动力最大。这种情况说明，人们面临适当的挑战会发挥更好。当人们肩负着足够的风险，就会珍惜自己的努力所得，而这点恰好使他们能获得满意的结果。

事实上，危机感的创造是一种比较特殊而又具有高超艺术性的方法，因此需要有特定的客观条件，运用时一定要因人、因事、因情而定，不可盲目行事，以免适得其反。下面介绍几种典型的危机感创造方法。

第一，向员工灌输组织前途危机意识。领导者通过适当的途径告诉员工，组织上已经取得的成绩都只是历史，在竞争激烈残酷的市场中，这个组织随时都有被淘汰的危险。如果要想规避这种危险，道路只有一条，那就是全体员工都必须努力工作，才能使这个组织更加强大，更加具有竞争力，只有这样才能永远处于不败之地。

第二，向员工个人灌输他们的个人前途危机。组织的危机和员工的危机是连在一起的，所以每个员工都要树立“人人自危”的危机意识，无论是领导者还是普通员工，都应该时刻具有危机感。告诉员工“今天工作不努力，明天就得努力找工作”。如果员工在这方面达成了共识，那么他们就会主动营造出一种积极向上的工作氛围。

第三，向员工灌输组织的产品（或者服务）危机。领导者要让员工们明白这样一个道理：能够生产或提供同样产品（或者服务）的单位比比皆是，要想让消费者对自己组织的产品（或者服务）情有独钟，这个产品（或者服务）就必须有自己的特色，这种特色就是自己提供给顾客的一定是别人无法提供的特殊价值的能力，即“人无我有，人有我优，人优我特”。

麦肯锡公司的人才激励机制——UP OR OUT

麦肯锡公司是全球最著名的管理咨询公司，在全球44个国家和地区开设了84家分公司或办事处。麦肯锡目前拥有9000多名咨询人员，分别来自78个国家，均具有世界著名学府的高等学位。麦肯锡公司专门为企业总裁、部长、高级主管、大公司的管理委员会、非营利性机构以及政府高层领导就其关注的管理议题提供咨询服务、分布在世界各地的每家麦肯锡分公司都由资深的麦肯锡咨询董事和专业咨询顾问组成。他们在当地聘用、培养优秀的本地人才，使之能够逐步担当公司的业务重任。他们毕业于国际著名学府，绝大多数人同时拥有知名学府的工商管理硕士和博士学位。具有理工科和其他学科专长的人员比例也在增长。麦肯锡成功的秘密在于它拥有一支卓越的咨询队伍，聚集了大批杰出人才，并且依靠一套完整而严格的人才激励机制网罗住了他们。麦肯锡挑选应聘人员，主要看其解决问题的能力，对初选人员要经过6轮面试。一旦进入麦肯锡公司，人员的晋升与出局（UP OR OUT）有严格的规定：从一般分析员做起，经过2年左右考核合格后升为高级咨询员，再经过2年左右考核升至资深项目经理，这是晋升董事的前身。此后，通过业绩审核可升为董事。所以，一个勤奋、有业绩的人在六七年里可以做到麦肯锡董事，但是在他每一个升职的阶段，如果业绩考核未达到要求，就要离开。

CHAPTER 07

第七章 目标激励

俗话说：“目标就是你蹦起来才能够到的果子。”从本质上看，目标是刺激人行为的一种外部诱因。个体需要达到的目标是激励可以利用的刺激点。因此，目标是组织对个体的一种心理引力。目标激励就是通过目标的设置来激发人的动机、引导人的行为，使员工的个人目标与组织目标紧密地联系在一起，以激励员工的积极性、主动性和创造性。

第一节　目标砥砺前行

目标激发起人们的积极性，不是因为有人要他做什么事，或是说服他做什么事，而是因为他的任务目标需要做什么事。其实，目标本身就是一种目的性的体现。

一、了解你的目标

（一）三个石匠的启示

三个石匠的故事最早出现在美国的管理大师彼得·德鲁克于 1954 年出版的《管理的实践》一书中。故事说：有人问三个石匠在做什么。第一个石匠说："我在养家糊口。"第二个石匠一边敲打石块一边说："我在做全国最好的石匠活。"第三个石匠仰望天空，目光炯炯有神，说："我在建造一座大教堂。"十年之后，第一个石匠手艺毫无长进，被老板炒了鱿鱼；第二个虽然勉强保住了自己的饭碗，但只是一个普普通通的石匠；第三个石匠却成了一位著名的建筑师。可以说，第一个石匠和第二个石匠之所以会有这样的遭遇，完全是因为他们对于工作没有明确的定位，更提不上明确的目标了。因此，第一个对待工作毫无感情，"做一天和尚，撞一天钟"；第二个石匠，对待工作缺乏热情，只是把它当作一种谋生的手段；而第三个石匠，不仅热爱自己的工作而且充满激情，并且朝着这个目标不懈努力，希望有一天能干出一番理想的成绩。正是这种目标明确的激情和理想激励着他不断努力，不断实现自我，实现理想。所以，最终才造就了他的成功。

德鲁克提醒管理者，追求利润不是管理决策的原因，而是对管理决策有效性的检验。企业存在的目的必须"在企业之外去寻找……在社会中去寻找，因为企业是社会的一个器官""对经营目的只有一个站得住的定义：即造就顾客""社会把能生成财富的资源委托给企业的目的，就是要满足顾客的需要"，这正是德鲁克思想的出发点。德鲁克提醒领导者不要忘记企业存在的理由和为之奋斗的目标，更不能把手段与目的相等同。

（二）目标与任务不可混同

对于特定的行为而言，其最终的目的只能有一个，而针对这一目的的目标则可以有很多个。有明确标准规定的事件，即为目标的内容，通常以任务的形式来表述，即任务是目标的具体化。对同一目标而言，可以由多个任务构成，目标不同任务也不同。交管部门的工作目标是保障道路畅通，保障人民生命财产安全，而处理违章和进行罚款是为了达到这个目标而需要具体完成的任务。如果交管部门工作人员为了提高自身的经济效益而颠倒了目标和任务的内容，根本无益于目标的最终实现。企业领导者根据企业的发展战略与企业所处的具体经营环境，制订企业的总体经营目标。在这个过程中必须做好充分的准备，可以通过广泛收集资料来进行调查研究，从而确保企业发展战略目标的清晰。

目标与任务的区别，首先在表述上，目标比较形象和具体，而任务则更加形象和具体；其次在内容上，它们是包含与被包含的关系，即目标是任务的总和；最后在形式上，具有因果关系，即只有完成了任务，才能实现目标。只有确定了目标，才能区分任务。海尔集团总裁张瑞敏博采众长，上下求索，始创 OEC 管理法，这是海尔生存的基础，并成为海尔对外扩张，推行统一管理的基本模式，也是海尔走向世界的资本，它的核心就是目标管理。所以，从某种意义上讲，目标管理体现了管理的本质，具有放之四海而皆准的价值。

（三）目标的构成要求

对目标的要求主要包括 4 个核心内容。

1. 必须是具体的。一个组织或者员工应该从“我们的事业是什么？我们的事业将是什么？我们的事业应该是什么？”这些问题的回答中得出具体的目标。它不是抽象的，而是组织对行动的承诺。

2. 必须是可操作的。一个目标制订出来以后，一定可以转化为具体的工作对象和可以具体分配的工作任务。它们必须能够成为工作和绩效的基础，这也是激励的依据和基础。

3. 必须有利于资源集中。目标的确定应该使组织把有限的资源和精力集中起来，能够从目标中选择最基本的工作对象，从而使人力、资金和设备等资源集中使用。

4. 必须在多个领域内设立目标，而不仅仅是在一个领域内设立目标。一个组织面临着发展、经营、管理、营销、研发、人力资源、财务管理等多重任务，领导者需要平衡各种需求和多个领域的目标。每个目标领域由于具体情况不同而有所不同，但都必须围绕组织的核心目标，为组织的总体发展服务。

一个企业要为社会创造财富，为客户创造价值，就需要履行社会责任，这就要求企业的各项工作必须以整个企业的核心目标为导向。有效的管理就是将企业内所有领导者和员工的注意力及努力引向一个共同的目标。目标管理就是要保证各个层级的领导者和全体员工明白要求达到的结果，理解承担的目标的意义，真正地承担起自身的责任。只有领导者明白员工的期望是什么，才真正能够激励每个员工朝着正确的方向做出最大限度的努力。

二、确定合理目标

（一）目标漂移的危害

法国哲学家布里丹讲过一个故事：家中有头小毛驴，有一天面对两堆数量、质量几乎完全相同的草料，它弄不清选哪堆更好，尽管饥肠辘辘，却迟迟不肯下口，在来来回回、犹犹豫豫之中，竟然活活地饿死了。小毛驴是为了能吃到那堆“最好”的草料而饿死的，可为什么一定要吃到最好的草料呢？要知道，能不能吃到最好的草料是次要的，吃到草不饿死才是主要的。“毛驴之死”的问题在于，小毛驴把主、次目标的关系颠倒了，“宁愿饿死也要吃到最好的”，次要目标取代主要目标，决策目标发生了“漂移”。

所谓目标漂移，是指决策目标偏离合理状态，变得不太理性。“跳蚤效应”就反映了环境适应后的目标调整带来的危害。它来源于一个有趣的实验：生物学家曾经将跳蚤随意向地上一抛，它能从地面上跳起一米多高。但是如果在一米高的地方放个盖子，这时跳蚤会撞到盖子，而且是一再地撞到盖子。过一段时间后，再拿掉盖子会发现，虽然跳蚤继续在跳，但已经不能跳到一米高以上了，直至结束生命都是如此。为什么呢？理由很简单，它们已经调节了自己跳的高度，而且适应了这种情况，不再改变。

柯德威克游卡塔林纳海峡

1952 年 7 月 4 日清晨，加利福尼亚海岸笼罩在浓雾中。在海岸以西 21 英里的卡塔林纳岛上，一个 34 岁的女人涉水进入太平洋中，开始向加州海岸游去。要是成功了，她就是第一个游过这个海峡的妇女。这名妇女叫费罗伦丝·柯德威克。在此之前，她是从英法两边海岸游过英吉利海峡的第一个妇女。那天早晨，海水冻得她身体发麻，雾很大，她连护送她的船都几乎看不到。时间一个钟头一个钟头过去，千千万万人在电视上注视着她。在以往这类渡海游泳中，她的最大问题不是疲劳，而是刺骨的水温。15 个钟头之后，她被冰冷的海水冻得浑身发麻。她知道自己不能再游了，就叫人拉她上船。她的母亲和教练在另一条船上。他们告诉她海岸很近了，叫她不要放弃。但她朝加州海岸望去，除了浓雾什么也看不到。几十分钟之后，人们把她拉上了船。而拉她上船的地点，离加州海岸只有半英里。当别人告诉她这个事实后，从寒冷中慢慢复苏的她很沮丧，她告诉记者，真正令她半途而废的不是疲劳，也不是寒冷，而是因为在浓雾中看不到目标。柯德威克小姐一生中就只有这一次没有坚持到底。两个月之后，她成功地游过了同一个海峡。无目标使她失去了继续的动力，两个月后的成功证明了她有能力游过去，这是目标的威力。

（二）确定目标的方法

目标管理的一个基本要素就是：制订目标。为了有效地确定组织的目标，领导者应该怎样去做呢？为了确定组织的合理目标值，人力资源部门都很纠结。因为目标值的合理确定不仅关系到组织整体规划的合理性，也关系到员工的士气和切身利益，到底如何合理确定目标值呢？

1. 根据中长期规划进行目标分解确定目标值

在制定中长期规划的情况下，组织将目标分解到具体的年月，一般此类目标值不会轻易变动，并且目标值的设定具有强制性。

2. 根据往年实际业绩，并结合内外部环境变化，确定未来目标值

根据近些年的实际销售额、内外部宏观环境、市场环境是否发生变化等方面进行综合分析，以此来确定目标值。这样既考虑了往年业绩情况，也考虑到了整体市场环境变化，在市场环境发生极大变化时要及时调整目标值。

3. 以行业的潜能和发展空间为依据确定目标值

目标值是在对行业认知非常深刻的基础上确定的，不以过去的实际经营业绩为依据，而是以行业的潜能和发展空间为依据。具体制订目标时，没有可以参考的基准，只能将没有目标视为最大的目标，持续不停地踏步向前。

4. 会议研讨的方式确定目标值

这种方式既适用于一个单位战略层面的目标设定，也适用于部门内部员工层面的目标设定，主要是上下级之间的目标确定。一般来说，通过会议讨论的形式，每个员工都会提出一个自认为合理的目标，在面对面的沟通交流过程中确定哪个更合理。或者上级先提出一个目标，通过征求员工意见的方式来确定。

5. 先试行再确定目标值的方法

对于一些新推行绩效考核体系的组织，或者是新设定指标，没有可以参考的数据，无法快速地制定合理的目标值，这就需要先试运行一段时间，根据试运行所搜集到的数据来进行目标值的确定。

总的来说，目标值的确定应该遵循“跳一跳摘桃子”的原则，即强调目标的确定应该是在力所能及的范围内再稍作努力就可以达到。

三、目标执行

企业界流行一种说法，叫“两个基于做三定”。它的意思是下属基于对上级工作目标的理解和基于本身对组织发展目标的理解，自己定目标、自己定任务、自己定计划。目标指明一个组织的发展方向，是衡量组织绩效的标准，是激励员工的动力。再好的目标，需要有强大的执行力。目标执行的过程，是真正把目标变成现实的过程，可以真正发挥出激励作用，充分调动员工的积极性，使每个员工在组织中更好地施展自身才能。

（一）目标管理的新发展

彼得·德鲁克提出的目标管理或者说是“目标管理和自我控制”，强调的是通过组织目标的设定、互动式的目标层层分解与实现目标计划的制订而建立完善的组织的目标体系，使组织内的每个部门、每个人都有明确而具体的目标。在目标实施过程中，通过有效的监控与及时的反馈，让员工了解工作的进展情况，以便及时修正偏离的行为。他认为，企业经理的任务就是要创造一个整体。企业经理既是“作曲家”也是“指挥家”。经理要在每一个决定和行动中协调眼前和长远的要求。通过目标的制订和分解，在企业内部建立起纵横交错的完整目标连锁体系。企业管理工作主要是协调总目标之间，总目标和分目标之间，以及分目标之间的关系，并考核监督目标的完成情况。目标管理使企业管理更为规范化、程序化，企业高层领导能总览全局，实现企业管理的优化。

首先，目标管理是一种民主的、强调员工自我管理的管理制度。目标管理的各个阶段都非常重视上下级之间的充分协商，让员工参与管理。实行管理的民主化。在目标制订过程中，让员工广泛参与意见，在相互尊重中实现信息交流，把个人目标和组织目标统一起来。在目标完成中，员工有权在单位政策范围内自行决定具体的行动方案。这种管理制度通过员工的参与使其发现工作本身的兴趣和价值，进而调动员工的工作积极性，同时也通过员工考核目标完成情况，不断挖掘人力资源的潜能，使员工在自我控制中实现个人与组织的目标。

其次，实践中的目标管理正由一种计划和控制手段、评价工具、激励手段不断发展为一种全面的管理系统。施勒在他的著作《根据结果的管理》一书中论述了企业内分目标的划分问题，提出了要根据企业最高目标层层制订各自的分目标。制订分目标和个人目标要有利于激发个人的工作积极性，个人目标并非工作本身而是工作的结果。R. 里克特认为，工作成果 = 决策的质量 × 激发员工履行决策的动机。充分的情报交流以及让下级成员参与制订公司计划是激发工作动机的主要手段。D. 麦格雷戈在德鲁克目标管理概念的基础上，提出了新的业绩评价方法。传统的评价下属人员的焦点是他的个性特征。麦格雷戈提出下属人员承担为自己设置短期目标的责任，也承担起同其上司一起检查这些目标的责任。上级对这些目标具有最后的否决权，但在一般的环境下，这种否决权不需要使用。单位各级人员对照预先设立的目标来参与评价自己的业绩。这种评价强调的是业绩而不是个性，有利于激励员工积极承担任务。随着人们对目标管理认识的加深，人们逐渐把企业战略和各管理子系统都纳入目标管理的轨道之中，并把其放在战略管理的高度，以一个全面的管理领导系统加以运用。

（二）目标执行的实施

1. 适时调整目标

《周易》里有一句名言，“变则通，通则久”。在组织的战略管理中，领导者应该看清和认识环境条件的变化，在面对周围环境变化带来的挑战时，适时调整战略目标，抓住机遇，以争取组织发展的成功。一般情况下，目标一旦确定，就不要轻易更改，尤其是“最终目标”。可以不断修正的是达成目标的计划，包括达到最终目标之前的各个“路标”——过程目标。

德国奔驰公司的经营管理一直是很成功的，产品质量上乘，售后服务一流，产品一直供不应求。但到 20 世纪 90 年代初，由于受世界性经济危机的影响，汽车工业普遍陷入困境，加上美国、日本和欧洲国家名牌汽车的激烈竞争，一步一步地削弱了奔驰汽车的地位，奔驰汽车已经风光不再。1991 年奔驰公司的利润下滑 63%，1992 年经营继续大走下坡路，公司将汽车产量限定为 60 万辆。以往，60 万辆奔驰车一上市就会被一抢而空，有的甚至在几年前就开始预订，人人都以拥有一辆奔驰车为荣。但 1992 年到 1993 年，这 60 万辆只售出 52.7 万辆，这是前所未有的情况。在美国、日本奔驰汽车的销售都大幅度下降，更严重的是奔驰汽车销量不敌新推出的宝马汽车。

面对已经改变的市场，奔驰公司适时调整了自己的战略目标。奔驰公司改变了过去只注重高档车，追求完美的作风，将战略目标调整为：在保持高档轿车的质量和市场的同时，为普通家庭生产中小型轿车。改变汽车设计者们原来不计成本、只求完美的做法，力求在保持高质量的前提下减少成本开支，缩短设计周期，精简机构，节省管理费用。为了吸引顾客，扩大销售，奔驰公司还推出了一系列扩大服务的措施。通过这几个方面的战略调整与改革，奔驰公司重振了往日雄风，营业额又急剧上升，成为世界上最大的商用汽车跨国制造企业之一。

2. 善于分解目标

设立明确而合理的目标固然重要，但对于最终实现目标来说，只不过是“万里长征，刚迈出第一步”。如果不及时对目标进行分解，不将目标分配到部门、员工个人，目标往往只能给员工带来短暂的精神上的快慰与憧憬，但是，大家在潜意识里会觉得目标太远、太大、太难以实现，以致最终会放弃目标。

曾经有人做过这样一个实验：分成三组人，让他们沿着公路步行，分别向 10 公里外的三个村子行进。第一组的人不知道村庄的名字，也不知道路程有多远，只告诉他们跟着向导走就是。刚走了两三公里时就有人叫苦，走了一半时有人几乎愤怒了，他们抱怨为什么要走这么远，何时才能走到，有人甚至坐在路边不愿走了，越往后走，他们的情绪越低，溃不成军。第二组的人知道村庄的名字和路程，但是路边没有里程碑，他们只能凭经验估计行程时间和距离。走到一半的时候，大多数人就想知道他们已经走了多远，比较有经验的人说：“大概走了一半的路程。”于是大家又簇拥着向前走。当走到全程的四分之三时，大家情绪低落，觉得疲惫不堪，而路程似乎还很长，当有人说：“快到了。”大家又振作起来，加快了步伐。第三组的人不仅知道村子的名字、路程，而且公路上每一公里就有一块里程碑。人们边走边看里程碑，每缩短一公里大家便有一小阵的快乐。行程中他们用歌声和笑声来消除疲劳，情绪一直很高涨。最后的两三公里，他们越走情绪越高，速度反而加快了，所以很快就到达了目的地。目标就像灯塔，指引着疲惫的队员奔向正确的道路，安抚疲惫的心，让团队安定下来，朝着目标继续努力。

马拉松中的目标管理

1984 年，在东京国际马拉松邀请赛中，名不见经传的日本选手山田本一出人意料地夺得了世界冠军。当记者问他凭什么取得如此惊人的成绩时，他说了这么一句话：用智慧战胜对手。

当时许多人都认为这个偶然跑到前面的矮个子选手是在故弄玄虚。马拉松比赛是体力和耐力的运动，只要身体素质好又有耐性就有望夺冠，爆发力和速度都在其次，说用智慧取胜确实有点勉强。于是，当时的报纸充满了对山田本一的嘲讽。

两年后，意大利国际马拉松邀请赛在意大利北部城市米兰举行，山田本一代表日本参加比赛。这一次，他又获得了世界冠军。记者又请他谈经验。山田本一性情木讷，不善言谈，回答的仍是上次那句话：用智慧战胜对手。面对这位名将，这回记者在报纸上没有挖苦他，但对他所谓的智慧仍迷惑不解。

10 年后，这个谜终于被解开了。他在自传中是这么说的：每次比赛之前，我都要乘车把比赛的线路仔细地看一遍，并把沿途比较醒目的标志画下来，比如第一个标志是银行、第二个标志是一棵大树、第三个标志是一座红房子……这样一直画到赛程的终点。

比赛开始后，我就以百米冲刺的速度奋力地向第一个目标冲去，等达到第一个目标后，我又以同样的速度向第二个目标冲去。40 多公里的赛程，就被我分解成这么几个小目标轻松地跑完了。起初，我并不懂这样的道理，我把我的目标订在 40 多公里外终点线上的那面旗帜上，结果我跑到十几公里时就疲惫不堪了，我被前面那段遥远的路程给吓倒了。

3. 积极跟踪与评估

目标执行是目标管理中最重要的一个环节。它具有三大要素：执行主体、执行客体和执行环境。每一个要素都会对执行的效果产生很大的影响，甚至影响到目标的实现。因此，在执行的过程中是否有偏差，一定要进行积极的跟踪和评估。执行中出现的任何偏差都不利于目标的达成。

首先，通过团队成员在实施和执行计划的过程中，观察他们在执行的过程中是否有偏差，是不是能理解团队制订的计划，如果不理解，就需要立刻做出调整和改变，并且进行再次确认和沟通。其次，在周期内不断观察当前与计划和目标的差距，并做出问题的判断。再次，找出在实施计划过程中的问题，并且通过会议、培训等形式解决这些问题，如果领导者自己不能解决的，可以寻求更有能力的人找到解决问题的方法，但是一定要解决问题和困难，才能离目标更进一步。最后，对阶段性计划实施过程中表现好的、执行力强的人员进行奖励，对完成得不好的团队成员进行鼓励，并且帮助他们努力寻找方法。针对个别成员在执行过程中走了弯路或者是存在问题，领导者需要根据阶段性的结果找出该成员存在的问题，并私下单独跟这个成员共同找到解决问题的办法，或者把执行过程中做得比较好的成员所采用的方法进行推广。

4. 目标坚守与结果总结

美国哈佛大学曾经做过一个非常著名的关于目标对人生影响的跟踪调查。调查的对象是一群在智力、学历、环境等方面都差不多的年轻人，他们中 10% 的人有清晰但比较短期的目标，3% 的人有清晰且长期的目标，而 60% 的人目标模糊，甚至有 27% 的人没有目标。25 年后，这群人的生活和工作状况发生了十分有意思的变化。25 年来，3% 的人不曾改变过自己的人生目标，始终朝着同一个方向努力，最终成为社会各界的顶尖成功人士，其中不乏白手起家的创业者、行业领袖、社会精英。那 10% 的人大多生活在社会的中上层，他们不断地实现着自己的短期目标，生活状态稳步上升，成为各行各业不可或缺的专业人士，如律师、医生、工程师等。而那 60% 的模糊目标者，基本生活在社会的中下层面，他们虽然能够安稳地生活与工作，但并没有什么突出的成绩。剩下的 27% 没有目标的人，大多数都生活在社会的最底层，因此，他们的生活常常不尽如人意，经常抱怨他人与社会，他们中间下岗失业的比较多，有的还要靠社会救济维持基本的生活需求。这个追踪调查的结论就是目标坚守对于一个人有着巨大的导向和激励作用，一旦选择什么样的目标，坚守的结果印证了一个人的成就和人生。

事实上，任何一个组织在政策正确和目标明确情况下，只要能狠抓落实，就一定会取得成绩；而落实不到位的组织，目标计划自然成了一张白纸，决策也就成了“水中月，镜中花”。沃尔玛之所以能够成为全球零售业的龙头，海尔之所以能够跻身世界五百强企业之列，原因都在于他们的员工能够不折不扣地执行企业的规章制度和目标计划。目标的坚守有时候是需要排除一些干扰的，外界的信息多种多样，如何在执行过程中去伪存精，咬定青山不放松，既需要智慧，也需要胆识。目标坚定的组织反映出来的既有员工的组织忠诚度，也有团队或组织的凝聚力、战斗力和合作精神。

以结果为导向，达到了团队的目标，领导者要带头进行总结。如果没有达到目标，但是目标本身又是合理的，那么领导者要注意不要朝夕令改，不能因为没有达成目标就怀疑这个目标完成的可能性，而是应该去找出在实施或者执行过程中存在的问题。同时，领导者要主动承担责任，鼓励员工继续实施计划，直至最后达成目标。

第二节　美好前景诱发工作动力

一、给他梦想

（一）梦想激发潜能

在组织管理实践中，领导者给予员工的梦想和期望确实能够产生很大的激励效应。在20世纪70年代，当计算机还是少数高级白领才能够操作的神秘机器时，曾经有一家美国公司的副总在公司的清洁工里挑选了一个黑人，并坚信他有能力从事与计算机有关的工作。结果三个月后，这位清洁工真的“乌鸦变凤凰”，成了公司出色的计算机操作员，彻底扔掉了与扫把为伍的工作。

美国哈佛大学教授罗森塔尔等人为首的许多心理学家进行一系列研究，实验证明，学生的智力发展与老师对其关注程度成正比关系。1963年，罗森塔尔和福德告诉学生实验者，用来进行迷津实验的老鼠来自不同的种系：聪明鼠和笨拙鼠。实际上，老鼠来自同一种群。但是，实验结果却得出了聪明鼠比笨拙鼠犯的错误更少的结论，而且这种差异具有统计显著性。对学生实验者测试老鼠时的行为进行观察，并没发现欺骗或做了其他使结果歪曲的事情。似乎可以推断，拿到聪明鼠的学生比那些拿到笨拙鼠的不幸学生更能鼓励老鼠去通过迷宫。也许这影响了实验的结果，因为实验者对待两组老鼠的方式不同。美国思想家爱默生说：“没有激情和期望，任何伟大的成功都不可能实现。”期望来自梦想，梦想带给人强大的动力以及无穷无尽的能量。因为，没有激情和渴望，就不可能有责任心。有一家公司给予每位员工梦想基金，如果在年度目标达成，员工将有5万元的预算来实现自己的梦想，而这笔费用将由公司来支付。有的员工想买一台笔记本电脑，有的人想去法国巴黎旅游，有的人想陪父母回老家看看。如果只是给钱，则员工仍是为钱工作，但是公司的用心是希望员工能为自己的梦想努力，有什么比实现梦想更让人心受到鼓舞呢？因此，领导者要给员工以梦想，把员工的梦想与组织长远规划结合起来，让员工心中充满自信和期待，不断地激发自身潜能。

（二）梦想凝聚责任

梦想反映人的追求，体现人的抱负，证实人的价值。在梦想的召唤下，革命者为了实现人类的彻底解放而英勇就义，科学家为了追求真理而奋不顾身，艺术家为了臻于完美而忘我工作，农民工为了创造社会财富而辛苦耕耘。作为组织中的一员，对与自身紧密关联的自然、社会、他人是否能自觉尽到应尽的责任，并将自己的梦想追求和组织的发展紧密结合起来，努力做出自己的独特贡献，决定着个人的成就大小。社会中的个体具备强烈的责任意识，能够自觉履行社会责任，这个社会的发展就会和谐美好。反之，如果社会成员普遍缺乏责任意识，不愿承担自己应尽的社会责任，再美好的社会建设规划都将是空中楼阁，难以变成现实，这样的社会也会缺乏发展的后劲和动力。

波音公司就是一家善于利用梦想的公司，他们致力成为永远领先于行业前列的企业。他们说的是“永远”领先，而不是一时或是暂时的领先。正是为了这一梦想，波音公司开始了波音 747 客机的生产计划，尽管这一计划占据了公司大量乃至全部的资源，但是董事长爱伦坚决支持，“即使是耗尽整个公司的资源也要造出来”。在全体员工的努力下，波音 747 客机成了航空业经久不衰的产品。为什么波音公司可以做到这一点？因为，所有的员工都将成为行业领袖视为自身的价值体现，他们形成了一种共命运的感觉。

有了梦想，员工就感觉到拥有了未来；没有梦想，员工则会感觉到未来很迷茫。因此，领导者应该懂得如何在员工心目中种植梦想，从而激发员工的工作激情和培养他们的责任心。真正优秀的领导者应该是一个造梦者，他们不仅为组织创造出一个令人激动的梦想，还能够将梦想很好地传达给员工，让员工随时充满激情，朝着组织的目标努力。当员工在为梦想而奋斗时，他们必将全力以赴。

（三）梦想营造氛围

一般说来，良好的团队氛围有三大特征：第一是民主、平等，成员之间能够相互信任、坦诚沟通，可以畅所欲言，从不同角度发表自己的见解；第二是快乐、达观，成员身心愉悦，享受作为团队一员的乐趣，参与愿望强烈，工作中充满了热情与活力，遇到困难与挫折依然士气高昂、斗志旺盛；第三是善于学习创新，成员拥有危机意识，愿意通过学习不断提高自身能力与素质，办事积极果断，不墨守成规，经常创造性地解决问题，及时感知变化并迅速做出反应。

共同的梦想就是指大家共同分享、共同拥有的愿景。共同梦想的确立标志着组织的每一个员工都是整体中不可分割的一部分，他们通过培训、实践、请教、交流、讨论等多种方法，共同提升自身的能力素质，从而形成和谐的团队意识和浓郁的学习氛围。因此，在知识和经验上，提倡相互不保留、不保密，沟通真诚坦率，共享信息和知识，指导他人是义务、帮助他人是工作责任的氛围。领导者为员工建立“梦想平台”，关爱他们，倾听他们的心声，为他们创造公平、公正的晋升平台，激发每个员工的进取心和创造力，让每个员工看到实现梦想的可能性。风清则气正，气正则心齐，心齐则事成。领导者还应该积极倡导“在工作中学习，在学习中工作”的思想，为员工创造良好的学习环境和机会，使学习成为组织的一种文化和机制。这样员工在实现梦想过程中得到学习，使员工的知识和综合能力大大提高，从而体现员工与组织的共同成长。

二、编织一个共同的梦

（一）目标认同

目标要变成现实，必须取得大家的认同，进而才能转化为实践。一个组织的目标要变为大家的共同目标，才能凝聚众人的心气，才能集中全体的力量。当前，有些组织的普遍问题不是没有目标，而是只有少数人对组织的目标有认同感，并知道自己如何为组织的目标行动。但是，多数人只知道自己的工作责任描述、具体业务指标（KPI）、衡量手段和标准、年终奖励，但不和组织的总目标挂起钩来。因此，我们常常听到领导者们抱怨“我在天上飞，而员工们还在地上爬”。双方就目标设定进行充分而有效的沟通是实现目标认同的有效途径。

美国管理大师德鲁克认为，组织的目的和任务，必须化为目标，组织的各级主管必须通过这些目标对下级进行领导，以此来达到组织的总目标。如果一个范围没有特定的目标，则这个范围必定被忽视，如果没有方向一致的分目标来指导各级主管人员的工作，则组织规模越大，人员越多时，发生冲突和浪费的可能性就越大。因此，需要建立团队成员共同认可的价值观。制定团队成员共同认同并遵循的价值标准，才能解决团队中矛盾、争论和冲突等问题，才能形成工作合力。

林肯电气计划的尝试

林肯在林肯电气计划中进行了一项有趣的尝试，就是将个人计划的优点和全公司范围计划的优点结合。提供的奖金总额由公司的盈利能力决定，但是个人所得的奖金数目则基于个人的绩效等级。这样，即使公司效益很好，一些人还是可能得不到奖金；而也可能有一些人在公司效益不好的时候还是能获得大量的奖金。这项计划试图将个人绩效和个人薪酬更紧密地联系在一起，同时也鼓励员工友好协作，以提高奖金总额。与大部分全公司范围的奖励计划一样，很难确定这一计划实施的成功程度。林肯使用大量的证据证明了该计划的实施结果十分成功。他的数据显示，1949 年，林肯电气公司的每一位员工都取得了超过 25000 美元的销售额，而其他产业的平均销售额才不到 15000 美元。数据同时也显示，自实施该项计划以来公司的人均销售额在稳步增长。根据这一数据，林肯认为这项计划已大大提高了产量。

（二）梦想管理

100 多年前，一位穷苦的牧羊人带着两个幼小的儿子以替别人放羊为生。有一天，他们赶着羊来到一个山坡上，一群大雁鸣叫着从他们头顶飞过，并很快消失在远方。牧羊人的小儿子问父亲："大雁要往哪里飞？"牧羊人说："它们要去一个温暖的地方，在那里安家，度过寒冷的冬天。"大儿子眨着眼睛羡慕地说："要是我也能像大雁那样飞起来就好了。"小儿子也说："要是能做一只会飞的大雁该多好啊！"牧羊人沉默了一会儿，然后对两个儿子说："只要你们想，你们也能飞起来。"两个儿子试了试，都没能飞起来，他们用怀疑的眼神看着父亲，牧羊人说："让我飞给你们看。"于是他张开双臂，但也没能飞起来。可是，牧羊人肯定地说："我因为年纪大了才飞不起来，你们还小，只要不断努力，将来就一定能飞起来，去想去的地方。"两个儿子牢牢记住了父亲的话，并一直努力着，等他们长大——哥哥 36 岁，弟弟 32 岁时——他们果然飞起来了，因为他们发明了飞机。这两个人就是美国的莱特兄弟。在现代管理中，帮助员工找到自己的梦想，通过组织的行为帮助他们管理梦想并实现它，重燃人生的激情，焕发一种积极上进的力量，可以带动组织焕发生机。

1. 树立共同的团队理想

团队理想就是指团队的使命、愿景和远、中、近期的具体目标，不仅可以提高成员对团队价值的深度共识，更能激发团队成员内心深处的强烈进取意愿，持之以恒地寻求与团队共同发展。因此，建设团队文化，必须要树立团队成员真正从心底认可、富有感召力、能够实现的共同理想目标。正如比尔·盖茨所说："每天早晨醒来，一想到所从事的工作和所开发的技术将会给人类生活带来的巨大影响和变化，我就会无比兴奋和激动。"

马云是最早在国内开辟电子商务的，他和他的团队创造了国内互联网商务众多第一。当年，马云从美国回来后在杭州创办了工作室，组建了他的团队，并在后来的一次会议上说："我们要办的是一家电子商务公司，我们的目标有三个：第一，我们要建立一家生存 102 年的公司；第二，我们要建立一家为中国中小企业服务的电子商务公司；第三，我们要建立世界上最大的电子商务公司，要进入全球网站排名前十位。"如今，他的公司已经成为全球最大网上贸易市场、全球电子商务第一品牌，并逐步发展壮大为阿里巴巴集团，成就了阿里巴巴帝国。因此，团队愿景越清晰、越吸引人，越有激励作用，越能唤起团队的积极性。而且，清晰且明确的愿景可以产生强大的驱动力，驱动员工产生追求愿景、实现愿景的勇气和信心。

愿景的棱镜效应

愿景清晰了，取舍也会跟着清晰。愿景传达出你当下行为的理由，并且形成、影响你做出的每一个重大决定。愿景勾勒出你的行动蓝图，并指出那些你该避免的事物。愿景是一面不可或缺的镜子，能反映出应该制定什么样的重要决策。更具体地说，愿景会成为你（以及你的员工）的行动指引，带领你们决定该服务什么样的客户，提供何种产品或服务，该雇用谁，该如何组织及支付报酬，该建立何种企业文化，以及你该选择何种领导风格。创建这幅愿景，有助于你做出前述所有重要决策，并帮助你的员工关注重点，继续为你订下的主要目标奋力向前。如果你仔细观察优秀的组织，你会发现不论其规模大小，他们都是以清晰的愿景为中心向外发展的。你会看见首席执行官和其他重要领导人自信满满地解释他们将要做什么，不会做什么，以及为何要以他们主张的方式做出重大决策。你会在他们的解释中见识到自信与热情。

2. 有效的组织内时间管理

时间管理是指通过事先规划和运用一定的技巧、方法与工具实现对时间的灵活以及有效运用，从而实现个人或组织的既定目标。目标—规划—计划—执行是一条很重要的时间管理线，而且是按流程来走的，辅以信息反馈和流程系统。彼得·德鲁克在其著作《卓有成效的管理者》中提出了一种“时间管理诊断”的方法，即领导者每天详细记录自己的时间是怎样消耗的，坚持一段时间后就很容易发现自己在时间管理上的问题。这是改进个人时间管理的方法。这样的方法同样适用于组织中的时间管理。时间的稀缺性对于当今的企业组织和领导者来说，正在变得越来越严重。著名咨询公司麦肯锡曾经所做的调查结果显示，全球几乎近一半的企业高管们没有在公司的战略优先任务上花费足够的时间。可见，时间的问题已经成为公司层面的，而不仅仅是员工个人所遭遇的严峻挑战。如果组织层面上进行时间管理，就能够更大范围地统一思想，提升效率，效率最终转化为效益和利润。海尔的日清制度，就是以一种制度的形式来固化组织时间管理。

海尔的 OEC 管理模式

OEC 管理模式，其中的“O”代表“Overall”，意为“全面的”；“E”代表“Everyone，Everything，Everyday”，意为“每个人，每件事，每一天”；“C”代表“Control and Clear”，意为“控制和清理”。综合起来，其整体含义就是：全方位地对每个人一天所做的每一件事进行控制和清理，做到“日事日毕、日清日高”，每天的工作每天完成，而且每天的工作质量都有一点儿提高。OEC 管理模式意味着企业每天的每件事都有人管；所有的人都有管理、控制的内容，依据工作标准、按规定的计划完成各自控制的事项；每日把实施结果与计划指标加以对照，进行总结、收编，达到日日控制、事事控制的目的，确保事物向预定的目标发展。

3. 形成自我管理型的团队

自我管理型团队的每个成员共同负责一个团队目标，并且坚信这一目标包含着重大的意义和价值。这个目标把团队成员紧紧地凝聚在一起，个人的目标被融入团队的目标之中。在这种团队中，大家愿意为团队的目标的实现全力以赴。共同的目标是保证团队工作有效性的一个基本条件，是保证个人目标的前提，也是对团队工作考核的依据。高效团队一般都有一个清晰且吸引人的愿景，用来说明团队为什么存在，以及它怎样做才能取得成功。

自我管理型团队的建设强调团队自我管理、自我负责、自我领导和自我学习。埃克森—美孚石油公司组建了一个客户服务团队，这个团队的基本工作是分析所有顾客、管理费用、设计基本的工作准则和解决问题。最终是让客户满意，使员工能留在公司，以及尽可能充分有效地利用公司资源。从团队工作目标的本身来看，工作的目标清晰且又简单。这些目标能够给团队定位，并且允许团队成员互相交流。另外，这个团队明确了自身的目标以后，但是却没有说明团队怎样实现目标。因此，这是增加团队积极性的最佳方式，一个领导者应该清晰团队的发展方向，而让团队自身去选择道路。

4. 激励团队成员进行必要的变革

一旦某个团队认识到了它当前所处的位置，并且十分清楚它的战略所在，剩下的就是激励团队成员实施必要的变革，以使得当前的实践与远大目标相符。目前有两种相互依赖的战略，可以被领导者用来达成这一目的。

第一是努力获得团队成功所必需的外部资源。领导者应该认识到团体的资源限制，以及因为缺少资源而导致的“天花板效应”，并努力寻找补救办法，不管这种资源是技术性资源（如机器陈旧、技术短缺等），还是人力资源（如缺乏必要的技能、培训等）。资源的聚集是很重要的，因为较少的内部资源冲突能够很好地帮助这个团队专注于实际的工作任务，而不至于因为争夺资源形成内耗。同样，领导者可以通过在外部环境中为成员的利益而奋斗，从而提高团队实施变革的积极性。

第二是建立必要的信任。已有研究表明，团队当中动力的丧失，往往是因为信任的缺失，大家在失信的环境下会认为组织中肯定会存在不公平或者有人搭便车。不公正感就会导致工作满意度的下降。这个时候，领导者需要及时调整团体流程，重新分配角色，通过提供关于团体自主的“人为典型”来体现人们对团体能力的信心，比如，允许团队成员参加继续教育或技能发展课程培训，或者允许人们参与薪酬体系的再评估中等办法，来化解危机，建立信任。

因此，领导者不仅要清楚团队与外部环境是如何运作的（包括预期的未来变化），还必须能够控制其自身参与团队中的时机和影响。

C H A P T E R 0 8

第八章

授权激励

一般而言，领导者授予下属更高或更重要的权力，有利于激发他们干事创业的潜力，对于调动他们的工作热情和工作积极性，取得较好的组织绩效具有非常重要的意义。真正优秀的领导者，不一定自己能力有多强，只要懂信任、懂放权、懂珍惜，就能团结比自己更强的力量，从而提升自己的领导能力。美国麻省理工学院的摩文教授经过调查，发现多数成功领导者都有一个共同之处，那就是极力限定自己的工作范围。所以说，一个成功的领导者应该是一个懂得最大限度地利用下属能力的人。也就是说，权力适当地下移，会使权力重心更接近基层，更容易激发下属人员的工作热情。大量的实践证明，领导者抑制自己的权力反而更容易使下属完成任务。

第一节　授权让你更轻松

一、授权的魅力

历史上有两个人物的做法发人深省，一个是刘邦，另一个是诸葛亮。刘邦没有多少本领，言行甚至有点像无赖，但是最终却从一个小小的亭长发展为大汉王朝的开国皇帝，他在总结自己的经验时说："夫运筹帷幄之中，决胜千里之外，吾不如子房；镇国家，抚百姓，给馈饷，不绝粮道，吾不如萧何；连百万之军，战必胜，攻必取，吾不如韩信。此三人者皆人杰也，吾能用之，此吾所以取天下也。项羽有一范增而不能用，此其所以为我擒也。"他知道自己的本领有多大，有自知之明，所以，从来不去越俎代庖地指挥下属，而是充分地信任他们，给他们足够施展才华的空间。

相反，诸葛亮被誉为"智慧的化身"的全才式人物，虽然鞠躬尽瘁，呕心沥血，最终却没有能"兴复汉室，还于旧都"，除了客观原因外，一个最大的问题就是他事必躬亲，处处亲力亲为，把大大小小的事情都揽到自己的身上，丝毫不给属下施展的舞台，导致人才凋零，"蜀中无大将，廖化做先锋"，最终成为千古遗憾。

（一）授权的益处

柳宗元在他的《蝜蝂传》里曾记载有一种名叫"蝜蝂"的小虫。这种小虫有个特殊的喜好：背东西。它见东西就背，而且东西越重越喜欢。即使有人将东西拿下来，它也要再背上去，不知休息，直至把自己累死才罢。俗话说："明主好要，暗主好详。主好要则百事详，主好详则百事荒。"（《荀子・十一王霸》）面对瞬息万变的外部环境，要想从容应对强劲对手的竞争压力，领导者不仅要高屋建瓴、运筹帷幄，还要最大限度地调动员工的积极性，充分发挥组织的整体优势。因此，领导者应该善于抓住要点，通过权力的授予让员工获得"能量"，这样以来，所有的事情都可以处理得当，井井有条。但是，如果领导者喜欢事必躬亲，什么事都要管，那么结果可能是领导者自身筋疲力尽，什么事也都管不好。

授权给员工可以让员工感受到自我的价值，证明领导层重视他们的决策能力，展现出领导者对员工的信任。员工能更明确地看到自己的直接参与可以帮助组织完成任务，得到授权的员工觉得自己可以进行管理，缩减了花费相应的管理开支。一方面，通过有效授权，领导者把一个组织目标轻松地分解到不同人身上，同时将责任过渡给更多的人共同承担，让团队每一个职员更加有目标、更加负责任、更加投入、更有创造性地工作，产生“四两拨千斤”的巨大力量和“九牛爬坡，个个出力”的协作精神。另一方面，通过有效授权，减少了控制，摆脱了依从，领导者从权力的烦恼中走出来，被授权者增加了自主性，感受到了责任感，提高了工作的能动性，增强了自我管理能力，获得了更好更快的个人成长。有效授权可以为一个组织带来较高的激励水平、高效率的团队和优异的业绩。

（二）授权的内涵

在知识经济时代，信息量剧增导致领导者的工作量倍增。领导者想要更有效地完成决策、指挥、协调和监督等基本领导职能，就需要通过科学授权的方式，从烦琐的事务性工作中解脱出来，用更多时间和精力去考虑、解决带有全局性的重大问题。授权是激励员工的一种有效方式，是领导者通过为员工和下属提供更多的自主权，以达到组织目标的过程。授权是领导者智慧和能力的扩展和延伸，必须遵循客观规律和原则，授权过程是科学化和艺术化的过程。授权一般包括三个要素：一是任务本身，即要求下属完成某项工作；二是权力，即赋予下属完成某项工作相应的权力；三是责任，即下属所要承担的工作责任。任务本身、权力和责任这三个要素相辅相成，缺一不可。当领导者进行授权时，只有把握好这三个要素，才能为一次成功的授权打好坚实的基础。

根据当代管理学者哈维·施尔曼的看法，授予的权力大小可以分为6个层次。

权力由小到大 →

审视这个问题，告诉领导者一切有关的实况，领导者将自行制定决策	审视这个问题，让领导者了解正反意见的各种可行途径，并建立其中的一个途径供领导者取舍	审视这个问题，让领导者了解你希望怎么做，在领导者同意之前不要采取行动	审视这个问题，让领导者了解你希望怎么做，除非领导者表示不同意，否则你可按照你的意思去做	你可采取行动，但事后应让领导者知道你的所作所为	你可采取行动，而不需要与领导者做进一步的联系

以上6个层次，第一个层次所授予的权力最小，但是它所期待履行的任务也相对最轻。第六个层次所授予的权力最大，基本上属于完全授权，在这种情况下下属甚至可以“独断专行”。无论所授权力的大小，领导者都有可能根据授权效果对所授的权力进行必要的追踪、修正，甚至收回的可能性。

从本质上说，授权就是上级对下级的决策权力的下放过程，也是职责的再分配过程。在授权过程中如何确保授权者与被授权者之间信息和知识共享的畅通，也非常关键。在条件允许的情况下，有必要对授权对象进行必要的一些技术培训，以减短权责适应的时间，更好地完成权力过渡和职责交接。

二、授权的原则

（一）权责相符原则

领导者应该明确而充分地将权责授予被授权者，这样才能有助于下属顺利完成被授的工作任务，增强其责任心与荣誉感，避免其推卸责任，从而达到授权的目的。领导者向自己的下属授权时，必须向下属交代清楚与被授权者相应的责任，保证被授权者的权力与责任相一致，即有多大的权力就应担负多大的责任，做到权责统一。同时，领导者把所属的一部分权力授予下属后，仍然对其所履行之工作负有总体责任，正所谓“士卒犯罪，过及主帅”。权力虽然可授，责任却无可旁贷，只有上下相互监督、责权明确，领导工作才会富有成效。

（二）信任原则

当下属已经获得了所授的权责，就应该知道了时间进度、工作要点、所期望的绩效标准等，领导者就应该尽可能地放手让下属自己独立开展工作。也就是说，权力一旦授出，就要充分信任下属，放手让他们大胆独立地完成任务，而不是处处掣肘，事事苛求，时时责备。但是，信任不等同于放任，放手并不能等于放手不管、不加强监督。授权以后，还必须对被授权的下属的工作实行必要的监督和控制，如发现问题，应及时纠正；对严重偏离目标，不能胜任或滥用权力的下属，要及时调整更换。

（三）适度原则

适度授权，就是要做到授权而不失控。领导者授权应该是有限的，不仅不能把全部职权都授予出去，而且有些职权是必须保留而不能委授的。比如，领导者的核心权力——最后的决策权、重要的人事权、带有全局性的指挥权、总的监督权等，这些权力不仅不能授予下属，而且要牢牢地抓住不放。如果领导者把核心的权力也授给下属，就是大权旁落，领导者可能出现权威危机，或者被“架空”，领导活动可能就会失去控制，极易出现混乱局面。因此，从量的角度来看，领导者既不能授权过分，也不能授权不足。如果授权过分，就等于弃权；如果授权不足，领导者仍然不能完全摆脱事务的烦扰，下属的积极性和创造性也就得不到充分的发挥。

（四）德能原则

授权是存在风险的，领导者一旦选错对象，不仅会使领导工作陷入被动，给组织带来较大损失，而且自己也要负连带责任。所以，领导者必须做好功课，认真细致地考察授权对象的品德、才能和责任心。只有把权力授予有德之人，领导者才能顺利完成领导职责。能力的类型是多种多样的，领导者在日常领导活动中要认真观察下属的能力类型，把要办之事和下属的能力对应起来，选择能力适合的下属进行授权，而不能把权力授予不能胜任的下属，否则不但难以完成任务，而且会使下属因为失败而自信心受挫，产生消极情绪。同时，领导者也不能把权力授予能力超出任务要求的下属，否则容易造成能力资源的浪费，也不利于调动下属的积极性。另外，领导者更不能不顾工作需要，或者超出下属能力和水平所能承担的限度，把授权当成对下属的一种奖励或者任人唯亲。一个优秀的领导者一定以德、视能进行授权，这样才能充分发挥下属的潜能。

三、授权的程式

（一）向谁授权

选择授权对象，也就是领导者寻找和选择可以授权的员工。领导者需要找到工作能力突出，又具有担当精神的下属作为授权对象。选择授权对象的原则是做到人事相宜，授权对象的能力必须与工作任务相吻合，量其能，授其权。

独立处置，不必请求

粟裕是一个由士兵成长起来的将军，他虽然没有上过军校，也没有出国留过学。但是在战争的实践中，粟裕表现出了他的军事才能。抗日战争时期，他率领的部队就歼灭日伪军 10 万多人，使敌军闻风丧胆。1948 年，在中原战场上，粟裕受命攻打国民党军整编第五军的战斗任务。关于攻打第五军的战略问题，毛泽东曾做过指示。对此，粟裕在准备过程中觉得当时的条件不太成熟。因此，在不违背中央军委及毛泽东的大战略前提下，他适时调整了作战计划。毛泽东相信，这位从士兵成长起来的将领，有指挥大军作战的能力。毛泽东在看到新的作战计划后，指示：情况紧张时，“独立处置，不必请示”。

为了确保授权对象的正确选择，领导者必须了解授权对象。例如，授权对象的职业目标、个人兴趣和个人愿望等。领导者最需要了解的是授权对象的能力和优势以及存在的缺点。如果有必要的话，领导者可以组织适当的培训活动对授权对象进行一定的能力训练。具体来说，选择授权对象时，领导者所要考虑的问题是多方面的，详细内容见表 8–1。

表 8–1　选择授权人的过程

项　目	内　容
选择授权人的考虑指标	考虑下属的能力（知识、技能、经验）、态度、兴趣、信心、发展目标等
	考虑下属目前的工作量
	考虑下属目前正在从事的工作类型
选择授权人的目标	获得直接的工作绩效
	培养员工（优秀 = 合适？）
	评价员工
对授权人的甄别	任务要求和员工能力，人事相宜
	员工的职业目标
了解授权人的方法	沟通职业目标、兴趣、愿望，但尊重隐私
	与以前的上司讨论
	回顾个人档案
	工作风格测试
授权人的能力训练	面对面指导、试做、训练结果反馈

（二）授哪些权

对于领导者，划分和确定可以授权的工作任务也是其工作内容之一。那么，哪些事情可以大胆授权给下属完成呢？一般来说，可以授权的事情包括：日常性的工作、重复性的劳动和专业性强的工作等。

日常性的工作和重复性的劳动，往往会浪费领导者许多宝贵的时间资源，增加领导者的工作负担。这部分工作需要的技能并不高，因此，完全可以授权给下属来完成。有时候，一个领导者自身可能对于专业性很强的工作非常得心应手，或者对下属的专业能力信心不足，可能会对是否要授权犹豫不决。一般而言，专业性强的工作也要授权出去，这既是对领导者自身的解放，也是对下属能力的培养和锻炼。

对于有些关键性的事务，领导者必须审慎授权或者直接由自己亲自来完成。比如人事或者机密事务。领导者要把握对直接下属和关键部门的人事任免权，即组织人事权。这样就能保证领导机构的运转正常和高效。对于高度机密的事务，也必须由领导者亲自完成，否则领导者就有逃避责任的嫌疑。而对于制定政策的事务也必须审慎授权。因为制定政策的事务，它的影响面比较广，关乎组织中很多人的切身利益。另外，还有一些事情也需要领导者亲力亲为，如危机问题、对直接下属的培养以及上级领导者要求亲自处理的事情。

此外，领导者的职业偏好有时也需要授权出去。比如，领导者喜欢同顾客打交道，但并不是所有跟顾客打交道的事情都需要领导者亲自去做。所有的谈判、合同和职业爱好的事情都应该授权给下属，领导者只需要保持必要的监督就可以了。

（三）授权追踪

授权以后，领导者还要持续不断地跟踪检查。但是，这种检查不应该对下属开展工作产生干涉性的影响。通过定期的跟踪检查，确定工作的进展是否同既定的时间和标准相符合，有没有必要对工作做出某些改变，以及需要采取什么样的肯定或纠正措施。如果有些领导者对自己所做的授权疏于检查，那么其结果是下属可能重视度不高，放松注意，工作很有可能就被“拖延”下来。如果一个组织中领导者授权只是为了图省事、享清闲，自己当“甩手掌柜”，放任自流，那么这个组织将会杂乱无序、一盘散沙。

因此，在授权以后，领导者必须做好授权后的追踪工作。

1. 命令追踪

有些领导者在授权之后，常常会忘记自己所发出的命令。对于已下达的命令进行追踪是确保命令顺利执行的最有效方法之一，是领导者经常采用的管理手段。命令追踪的目的在于：（1）控制命令是否按原定的计划执行；（2）考虑有无足以妨碍命令贯彻的意外情况出现；（3）考核下属执行命令的效率；（4）反思、检讨领导者本人下达命令的技巧，以便下次改进命令下达的方式。

命令追踪主要包括两种方式：一是领导者在发布授权指令后的一定时期，亲自观察命令执行的状况。二是领导者在发布授权指令的同时与下属商定，命令下达后，下属应当定期呈报命令执行状况的说明。

2. 授权评估

授权总是在一定时间后结束，当任务结束后，要适时去评估授权是否已经达到了预期效果。如果达到了，就应当予以肯定和推广；如果没有能够达到预期的效果，就应该进行相应的检讨，以便及时查找授权中的不足。常用的评估手段有以下几种。

（1）授权对象的状态评估。如果在授权结束以后，授权对象激情澎湃、精力充沛，毫无疑问，这种授权是成功的；如果被授权对象一筹莫展、不知从何处下手时，那么授权就有可能是不成功的。

（2）领导者的自我评估。如果当领导者刚从繁忙的工作中脱离出来，开始考虑部门乃至单位的长远发展问题时进行授权，那么授权就是有意义的；如果领导者授权后变得更加忙碌了，下属的请示更多了，需要处处去帮助下属处理工作中的难题，那么可以说授权没有达到预定的目的。

（3）授权结果评估。这种评估主要体现在两个方面，即效率和业绩。当两者都有明显的改善时，说明授权是卓有成效的；如果两者都没有明显改观，甚至出现下降的情况时，那么说明授权出了问题。

第二节　授权的艺术

授权是一门领导艺术，领导者要善于掌握授权的方式方法，避免授权过程中的各种偏向，灵活地把一些权力授给下属，才能集中精力“办大事”，更好地处理更高层次、更宽领域的管理工作。同时，有效的授权对于锻炼下属的工作能力和提高工作积极性也具有非常重要的作用。

一、避免授权中的偏向

（一）推卸责任

授权的过程就是领导者把权力和责任同时下放的过程，只是意味着一种管理方式和工作方式的转变。但是，“士卒犯罪，过及主帅”，这意味着领导者仍旧需要承担责任。也就是说，如果下属在工作中出了问题，除了其本人需要承担责任之外，领导者自己也应该负有责任，不能推卸领导责任而只处罚下属。由此可见，授权不是卸责，更不是撒手不管，领导者将权力下放，同时也必须承担责任，这才是真正的运权之道。授权中还有一种奇怪的现象叫反授权。授权是领导者给下属安排工作，而反授权简单地说就是下属给领导者布置工作。即当下属被委派工作任务的时候，因为不想承担责任，于是下属就利用各种不同的方法，把工作任务又推回给领导者的现象。

一般而言，真正意义的授权，只是把一部分权力分散给员工，而不是把与权力同时存在的责任也分散下去。比如，当领导者把几项决策权授予员工，让他们在允许的范围内独立决策时，虽然如何决策是由员工负责，但是领导者也必须承担相应的责任。著名的管理学家史罗马曾经说过："实施授权之后，领导者所减少的只能是工作量，而肩上的担子绝不能因此而减轻；相反，它只会加重。"授权所能带来的只是工作内容的改变，而作为一个领导者，对所有的工作——无论是授出的，还是未授出的——都负有同样的责任。领导者应该怀着这种责任感，对员工进行随时指导、考核以及监督，发现偏差时应当及时引导和纠正，避免出现错误。

艾柯卡的担当

20 世纪 80 年代中期，克莱斯勒汽车公司的总裁艾柯卡被称为"成功领导企业的最佳典范"。艾柯卡管理克莱斯勒汽车公司的成功经验，使他成为全球企业界的风云人物，直到今天他的魅力仍然丝毫不减。然而，这一切是如何取得的呢？原来，艾柯卡除了敢于、善于授权以外，他还是一个具有自我牺牲精神的领导，每次对员工的授权出现问题时，他都会主动承担责任。当然，他这样做也为自己招来了很多不必要的麻烦，但是他却一直坚持着。后来，在他手下就形成了一个高度团结的工作团队，他们在接受工作任务时不囿于既有的规范，敢于创新，敢于行动，因为他们有一个能够主动承担责任的领导。正因如此，艾柯卡取得了让许多人羡慕的成绩，成为一个让下属爱戴、尊敬的领导者。

（二）周围没有好的人才

在现实中，很多领导者都认为自己亲自动手完成一项工作比授权给下属时间更少、效率更高。他们常常以为“好的人才都不在自己身边，自己身边的人都不堪重用”。事实上，很多时候领导者之所以发现不了人才，并不是因为人才太少了，而是有才能的人缺少平台，不知道到哪儿去表现自己的才干，不知道谁才是真正的“伯乐”。还有一些领导者迫于组织的压力或市场经济的潮流，而不得不采取一些姿态来表现自己在寻找人才，其实他根本没有真正想发现人才、任用人才的心态，甚至会担心优秀人才的到来会遮住自己的光辉，夺取自己的权力，威胁自己的利益，打击自己的自信心。

帕金森效应

英国著名历史学家诺斯古德·帕金森通过长期调查研究，写出一本名叫“帕金森定律”的书。他在书中阐述了机构人员膨胀的原因及后果：一个不称职的官员，可能有三条出路：第一是申请退职，把位子让给能干的人；第二是让一位能干的人来协助自己工作；第三是任用两个水平比自己更低的人当助手。这第一条路是千万走不得的，因为那样会丧失许多权力；第二条路也不能走，因为那个能干的人会成为自己的对手；看来只有第三条路最适宜。于是，两个平庸的助手分担了他的工作，他自己则高高在上发号施令，他们不会对自己的权力构成威胁。两个助手既然无能，他们就上行下效，再为自己找两个更加无能的助手。以此类推，就形成了一个机构臃肿、人浮于事、相互扯皮、效率低下的领导体系。

一些领导者错误地认为“下属不够成熟，影响授权效果”。事实上，下属不成熟，这只是领导者自己主观的评价。如果领导者以“下属不成熟”为由从不授权，那么即使合格、成熟的下属，也会因为得不到锻炼而无法获得成长。有的领导者缺乏自信，他们担心下属的表现会比自己更好，可能会危及自己的现有职位。如此以往，组织内部就会出现“帕金森效应”。一个优秀的领导者应该想方设法去发现优秀的人才，并委以重任。在战国时期，燕昭王想招募贤才，想出一条计策——封了一个才能并不十分出众的人做燕国的大官，以此表明自己求贤若渴、唯才是用。这果然使得他贤名远扬，郭隗、乐毅等贤能之士纷纷慕名而来，从而使燕国实力大增，打败了对手齐国。

（三）模糊授权和越级授权

有些领导者在向下属授权时总是不明不白的，对于给下属什么权力、给多大的权力等需要非常明确的问题从不讲清楚，这使得下属未能了解授权人的真正意图，就去开展工作，可想而知这种授权的效果肯定是不理想的。如果一个领导者在把权力授给下属的前后，总是犹豫不决、反复无常、三心二意。久而久之，总是会使组织和领导者本人遭受本来可以避免的损失，也会让自己丢掉在大家心目中的威严地位。

越级授权是间接上级对间接下级所进行的授权。一般而言，越级授权在正式的组织制度中是不允许的，这样的做法只会导致工作混乱，这种授权非常容易导致中层领导的被动，严重影响他们的工作积极性，既可能抹杀他们的责任精神，也可能有“架空”的可能，久而久之，容易形成“中层情结”。进行越级授权甚至可能会导致被授权对象的权力比中间领导层还要大，被授权对象无意中获得了与中间领导层对抗的权力。因此，授权只能逐级进行，切不可越级授权。在管理工作中，授权应该是自上而下逐级进行的。然而，事情总是相对的，越级授权并非绝对不好。比如，在某些紧急情况或非常情况下，越级授权往往是不可缺少的，它有利于迅速解决某些紧迫的非常问题。

有这样一则寓言：有个国王非常信任和宠爱一只猴子，甚至连自己的宝剑都让猴子拿着。一天，国王带着猴子去赏花，感到有点疲倦，就在花房里睡着了。不一会儿，一只蜜蜂飞了进来，落在国王头上。猴子一看就火了，心想“这个家伙竟敢在我的眼前蜇国王”，于是抽出宝剑照着蜜蜂就砍了下去，结果把国王的脑袋给砍了下来。国王的悲剧就在于将自己性命攸关的权力，授给了一个没有保护能力的猴子，这种不科学的授权，最终导致悲剧的发生。这则寓言故事给我们的启示——领导者要把权力授权给该授予的人，以保证任务的顺利完成。

二、领导授权的艺术

（一）大权集中小权下放

毛泽东曾说过，“大权独揽，小权分散；党委决定，各方去办；办也有诀，不离原则；工作检查，党委有责”。“大权集中”有利于集中力量办大事，同时保证决策的连续性和稳定性。众所周知，无论机关单位还是企业组织，无论民主式决策还是集中式决策，最终都得要有一个拍板的人，这就注定这个人应该掌握比较大的权力。组织中的领导者，处于组织的中心地位，在权力的运用和对下属的管理统御上，应该做到大权集中，小权分散。

毛泽东的授权激励

毛泽东非常擅长授权激励，他对授权激励有很好的阐释，即“让他们放手工作，使他们敢于负责；同时，又适时地给予指示，使他们能在党的政治路线下发挥其创造性”。这里显然有两层含义：第一是让干部们“放手工作，使他们敢于负责”；第二就是要“适时地给予指示”。只有这样才能充分发挥干部的创造性。毛泽东认为上级的工作是制定任务，而具体完成任务的方法则应当授权由下级去决定，从而激发他们的热情。1945 年 4 月，毛泽东在延安为《解放日报》写的社论中指出，“我们的军队在遭受极端物质困难的目前状况之下，在分散作战的目前状况之下，切不可将一切物质供给责任都由上面领导机关负起来，这样既束缚了下面广大人员的手足，而又不可能满足下面的要求。应该说：同志们，大家动手，克服困难吧。只要上面善于提出任务，放手让下面自力更生，问题就解决了，而且能够更加完善地解决它。如果上面不去这样做，而把一切事实上担负不起来的担子老是由自己担起来，不敢放手让下面去做，不去发动广大群众自力更生的积极性，虽然上面费尽了气力，结果将是上下交困，在目前条件下永远也不能解决问题。几年来的经验，已经充分证明了这一点”。1945 年 4 月 9 日，毛泽东在给郑位三、李先念、陈少敏来电的回复中指出：“一切依靠最广大群众力量去解决问题，放手将解决问题的责任交给各分区，交给广大群众。你们上面领导同志只总其大纲，给予号召、指导、检查和调剂，实行集中领导、分散经营的原则。切不可将一切重担都由上面负起来，致使下面都望着你们要吃、要穿、要办法，你们虽忙甚急甚，也不能尽如人意。”由此可见，在毛泽东看来，只有充分授权，才可收到意想不到的效果；否则就会束缚下面的手足，造成上下交困的窘境。因而毛泽东一再强调给干部授权，1944 年 6 月，他指出“我们应放手使用各种各样干部去进行各种各样工作”。

杜兰特在任通用汽车总裁期间，经营管理不善，致使公司汽车销售量大幅度下降，公司危机重重，难以维持，他被迫选择了引咎辞职。作为副总裁的阿尔弗雷德·斯隆虽然几次指出公司管理体制上存在问题，但杜兰特均未予以采纳。杜兰特辞职以后，在通用汽车公司拥有最大股份的杜邦家族接管了公司，并任杜邦为总裁。由于杜邦对汽车业是一个外行，因此他完全依靠斯隆。斯隆对公司采取了一系列整改措施。斯隆分析了公司存在的弊端，指出公司的权力太过集中，什么事情都是高层管理者说了算，领导层的官僚主义是造成各部门人员失控的主要原因。于是，他以组织管理和分散经营二者之间的协调为基础，把大权集中和小权分散结合起来。根据这一主导思想，斯隆的计划开始付诸实施。

通用汽车公司在以后几十年的经营实践中，证明了斯隆的改组计划是完全成功的。正是凭借这套体制，通用汽车公司获得了较快的发展。根据大权集中，小权分散的原则，斯隆提出了“分散经营、协调管理”的概念，在经济繁荣发展时，公司各事业部的分散经营要多一些；在经营危机、市场萧条时期，公司的集中管理就要多一些。

（二）抓领导权放管理权

孟子曾经说过“劳心者治人，劳力者治于人”。劳心者就是指领导者，劳力者指的是管理者。两者有着根本的区别，因为领导者领导人，管理者管理事物，一个劳心，一个劳力。一个优秀的领导者通过严格要求自己，讲求做事的品质，使自己的才华为更多的人服务，这是领导者最重要的目标。一个领导者最主要的工作，就是要让组织产生绩效，让大家愿意主动来做事情。判断领导者的优秀不优秀有两个基本标准：一个是能否不断地吸引大量的人才加入他的组织；另一个是当他不在的时候，组织的绩效怎么样。

德国文化媒体业巨头贝塔斯曼集团在世界50多个国家和地区有业务，

下属企业达到几百个，行业涉及书刊出版、电视、音乐、媒体服务等广泛领域。所跨地域和行业如此广泛的企业，“管理”起来岂不是很难？其实，这个集团实行了“松散性管理”。即每一个下属企业的负责人在其企业内的人事、投资、产品等所有事务中最大限度地享有自主决策权。总裁以及行业总负责人只进行大方向的监控，绝不过分干涉下属企业的具体经营事务。比如，贝塔斯曼集团在中国的图书直销业务正迅速扩张，负责这个业务的负责人全权开拓中国图书市场业务。下属企业负责人享有最大限度的自主决策能力，可以迅速地对市场做出反应。又因为他们了解当地情况，做出的决定最符合集团发展的实际，因此也最符合整个企业的利益。

下放管理权，给下属企业自由的空间，当然也不是“放野马”。下属企业领导者还是要对母公司负责的。贝塔斯曼集团致力于建立员工对母公司的“认同感”。该集团内部进行的一个调查表明，绝大部分员工虽然身在不同下属企业及不同国家和地区，但对自己是“贝塔斯曼”员工这一点深感认同。所以，贝塔斯曼集团是“形散而神不散”。与管理上的“松散”相配套的是用人上的“以人为本”。这个集团努力获得最好的人才——包括艺术家、音乐家、作家或者是杂志制作人，然后给他们自由发挥的空间。此外，该集团使用激励机制，鼓励每个人把能力发挥到极致。根据业绩和公司盈利情况，表现好的员工获得数量可观的分红，年轻有为的员工迅速得到提升。

（三）授与制的平衡

授与制的平衡就是可控授权，即在授权以后，对授权对象必须有一套切实有效的监督、检查、考核办法，以便进行全过程的有效控制，尤其在授权之初，不能过于自由放任，一旦发现被授权对象不能胜任，或者有偏离目标等不正常迹象，必须及时补救或纠正，切不可掉以轻心，以免造成更大损失。

“先放后收”是领导者授权的一种常用方式。“放”可以让更多的人参与管理中，产生强大的工作能量；“收”可以避免放而不管的弊端。有些领导者放而不收，就会与下属脱节，更不知实情，从而让自己处于“真空”状态。因此，领导者要善于收放结合，才能让下属始终不离大方向。

具体来说，做到授与制的平衡主要有以下两个途径。

1. 有效监督。监督的目的是保证组织系统的运行始终朝着既定的目标前进。权力授出之后，领导者的具体事务减少了，但是指导、检查和督促的职能却相对增加了。领导者要密切关注被授权对象的工作情况，能及时发现和察觉他们工作中的问题，被授权对象也应该有责任和义务向领导者汇报工作情况，不能把领导者必要的指导、检查和督促视为干预。

2. 随时收回权力。覆水难收的授权是一种失控的授权，不是正确的授权。授权者一旦发现被授权对象的活动已经背离组织目标，不宜继续行使所授予的权力，就有必要收回权力。随着工作目标和任务的实现，或者是环境条件的变化，授权者及时收回某些多余的权力或不再适用的权力。

（四）逐步进行授权

当领导者对下属还不完全了解或者没有十足把握的时候，可以考虑从易到难、逐步授权的方法，先进行简单的、小部分的授权。经过一段时间的考察和评估之后，逐步过渡到复杂的、完整的工作授权，是一种比较稳妥的授权管理方法。

一般而言，领导者在授权之前可以对下属进行严格的考核，全面了解下属成员的德才和能力等情况。但是，如果对下属的能力、特点等不完全了解，或者对完成某项工作所需的权力无先例可参考，那么领导者就应该采取见机行事、逐步授权的方法。比如，先用“勘理”“代理”职务等非授权形式，使用一段时间，以便对下属进行深入考察。当下属适合授权的条件时，领导者才可以授予他们必要的权力。这种稳妥的授权方法，并非权责脱节，而是最终达到权责相一致。

对于一些比较重要的权力，领导者不要一下子授予下属，而要根据事态的发展，一步一步地酌情加码，应该让下属对授权有一个逐步适应、逐步领悟的过程，也应该让领导者对下属有一个逐步认识、逐步考究的过程。只有这样，领导者才能给自己留下较大的回旋余地。

总之，领导者授权要依据实际情况，紧紧围绕工作任务和目标的完成来灵活地运用，切不可离开工作目标和实际情况生搬硬套。如果领导者能掌握和运用好科学合理地授权的方法，就能做到“千斤重担大家挑，各自肩上有指标”，从而充分发挥上下各级的工作积极性和创造性，不断提升组织工作的绩效水平。

CHAPTER 09

第九章

用人激励

领导者作为一个单位、组织、团体，或者说一个系统的最高决策者，具有服务、责任、职权三位一体的工作职能。有人曾对一个团队中不同成员的角色进行形象比喻：领导者是水，员工是钢筋、水泥和沙子，领导者的作用在于如何调整它们各个成分的比例，最终形成坚实的钢筋混凝土。可以看出，领导者“调整”的过程即是用人。一个优秀的领导者，需要科学合理地使用人才，最大限度地发挥员工的积极性、主动性和创造性。

第一节 领导用人的密码

古人云：善用人者能成事，能成事者善用人。《庄子》一书中曾经记载过一个“尧访华山”的故事：有一次，尧帝到华山地区视察工作，华山民众向他致祝词，祝他“多子、多财、多寿”。但尧帝却说：“我不要这些东西。多子，会增加麻烦、忧虑；多财，也会增加烦恼，不能清心静脑；多寿，若活得太久便会招来侮辱。”这个故事说明一个道理，领导者要会用人必须先了解这个人，这是基础。然后信任他，搭建平台培养他。

一、知人是前提

古往今来，为政之道，在于任贤，得人之道，在于知人善任。可以说，知人善任是领导者聚才任贤、兴盛事业的首要前提。“知人”，就是识别人才，是用人的基础。人才种类很多，各有所长，譬如能伏虎者，不一定能捉猫。领导者需要明察秋毫，知人、知心，准确地识别人才。“房知杜能断大事，杜知房善建嘉谋”，是唐太宗知人用人的很好写照。在李世民还是秦王的时候，房玄龄任秦王府记室，而杜如晦也是秦王府的幕僚，经常随李世民南征北战，参与了玄武门政变。杜如晦善于决策，他跟房玄龄配合得非常默契，通常是房玄龄出主意，杜如晦定主意。这是成语“房谋杜断”典故的出处。可以说，以“房谋杜断”为代表的 24 位功臣里，有运筹帷幄的谋士，有征战沙场的武将，他们紧密团结在李世民周围，形成了一个强有力的领导班子，为后来的“贞观之治”提供了政治上和组织上的保证。

泰特姆（Doug Tatum）在他的著作《无人区》中指出，过去 25 年中，90% 的初创企业在成立三年内就倒闭了。而中国的企业有 60% 的民企在 5 年内破产，85% 的在 10 年内死亡，其平均寿命也不到三年。企业死亡的核心原因，都与用人不善有密切关系。而用人不善的根本原因又在于对所用之人不了解。领导者用人，其前提条件是“知人”。要知人，必须清楚知道所用之人的长处、短处，用长还是用短；知道所用之人的意愿、心情，不愿意、愿意还是乐意；知道组织中哪些人可用，哪些人不可用；知道组织里有哪些人才，能用在哪些地方；知道组织缺少哪些人才，需要从哪里引进这些人才。楚汉相争三年，刘邦和项羽的胜败不是军事实力的胜负，而是用人上的较量。刘邦虽然只是一个市井流徒，但是他胸怀大志，知人善任，在他的周围聚集了一大批贤才良将。正如他自己说的那样：运筹帷幄之中，决胜千里之外，我不如张良；镇守国家，安抚百姓，供给粮草，不绝粮道，我不如萧何；综连百万大军，战必胜，攻必取，我不如韩信。这三人是人中豪杰，我能够得到他们，这是我所以取得天下的原因。

领导者要想知人，就需要放下架子，经常和员工们沟通，了解他们的想法、意愿、志向，发掘他们的长处，洞悉他们的缺点。做到对下属的能力、潜力、优势、弱点了如指掌，忙时扬长，闲时补短，才能够充分发挥他们的最大价值，也是能够留住人才的根本办法。一个企业家不是靠自己个人的力量去实现企业的强大，而是要发挥人才和团队的作用。领导者的主要工作就是用人，不断发现人才、了解人才、培养人才和使用人才。而用人的基础和关键就是知人。与其把时间花在别的地方，不如与人才们多做沟通，以心换心，正所谓“得人心者得天下”。

庞统的“面试”

庞统是三国时期一位颇有才华的谋士，人称“凤雏”，与“卧龙”诸葛亮齐名。赤壁之战中，他协助诸葛亮和周瑜的火攻战略，向曹操巧施连环计，为孙、刘联军大破曹军立下了大功。赤壁之战后，庞统声名远扬，同时，孙刘两家为巩固成果再创辉煌，也纷纷招兵买马，招贤纳士。按说，这正是庞统一展才能的大好时机，然而，相当长一段时间这位贤士却处于报国无门的尴尬境地。这都是他两次不成功的“面试”惹的祸。庞统的第一次“面试”是在孙权那里。周瑜死后，鲁肃自感“碌碌庸才误蒙公瑾重荐，其实不称所职”，特向孙权推荐庞统，说此人“上通天文，下通地理”“周公瑾多用其言，孔明亦深服其智”，孙权听后大喜，忙安排请来相见。庞统前来拜谒，施礼完毕。孙权问：“先生一生所学，以何为主？”庞统答：“所学不必拘泥，随机应变。”意为所学庞杂，涉猎广泛。孙权又问：“先生的才学与周瑜相比如何？”庞统笑答：“我所学的东西与周瑜大不相同。”孙权生平最喜爱周瑜，岂容他人轻视，于是心中不悦，就随口说：“先生回去吧，等用你之时，再去相请。”庞统无奈，长叹一声走了。鲁肃忙询问孙权：“主公为何不用庞统？”孙权答：“他乃狂妄之徒，我发誓不用此人。”庞统的第二次“面试”是在荆州。东吴应聘受挫，鲁肃过意不去，为庞统写了举荐信让他转投刘备。诸葛亮也早料到孙权不会用庞统，早就捎信给他：稍不如意，可来荆州共辅玄德，此人宽仁厚德，必不负公之所学。可是很不巧，他到荆州，诸葛亮恰好视察四郡未回，接待他的是刘备。参见刘备的时候，庞统“长揖不拜”，刘备不悦，又见庞统的装扮样子，心中更是不喜。刘备问：“先生远道而来，很是辛苦！”庞统答：“听说皇叔招贤纳士，特来相投。”刘备随口说，荆楚之地刚刚安抚，百废待兴只是苦无闲职，离此 130 里处的耒阳县缺少县令，就委屈先生去担任吧。才华横溢的庞统，甚至可以与诸葛亮平起平坐，可最终只在刘备这儿讨到了个县令做，实在大材小用。

善用人才首先要知人，善任以知人为前提，不知人不可能善任，不知人只会盲用。有些看上去很平凡的人，很可能就是放错了地方或不为所知的人才。比如，将一个精通管理的人用在操作工的岗位上，必然导致人才的浪费。日本有名的企业家松下幸之助曾说：“绝不容许基于私人感情或者利害用人。”他主张，领导者“最好用七分的功夫去看人的长处，用三分功夫去看人的短处”。在提拔干部时，对方只要够 60 分就可以提拔，若要等到 90 分或者 100 分时才提拔就会错过时机，他还主张重用那些能力强于自己的人。因此，领导者要想办法了解人才的长处、意愿，让人心甘情愿地做自己擅长的事情，不拘一格挖掘人才，千方百计让各类人才扬长避短，专其所长，尽其所能，把那些德才兼备的优秀人才推向重要岗位。为了“知人善任”，领导者就需要加强知识修养和业务修养，不断学习新知识，练好“内功”，努力成为熟悉人头的“活字典”，增强识人、辨人的能力。通过亲自了解和考察，让事实说话，举大功不记小过，举大善不咎细泥的气魄和胸怀。只有这样，才能真正做到“知人善任”。

二、信人是关键

俗话说：“用人不疑，疑人不用。”《郁离子》中说道，“善疑人者，人亦疑之；善防人者，人亦防之。善疑人者，必不足于信；善防人者，必不足于智。知人知疑己而弗舍者，必有其所存也；知人之防己而不避者，必有其所倚也”。这段话的意思是说，在与人交往的过程中，彼此间的信任是十分重要的。既然用他，就要充分信任他。而诚实的人才也必定能够经得起别人的怀疑。所以，如果知道别人怀疑自己而不会舍弃，这种人才必定是他有存在的必要；知道别人提防自己却不躲避，这种人才必定是他有可以依赖的地方。明朝崇祯皇帝即位以后，铲除了阉党魏忠贤等一系列宦官，使多年来宦官把持朝政的局面得以根本改变。但是，他有一个致命的弱点，就是猜忌多疑。明朝辽东督师袁崇焕是一个打败努尔哈赤的功臣，他让女真人心惊胆寒，却由于崇祯皇帝猜忌多疑，死在了努尔哈赤的离间计上。直至崇祯皇帝上吊临死前，还自称：“朕非亡国之君，臣皆亡国之臣。”把责任推到了他的大臣们身上，根本没有意识到自己猜忌多疑的问题。

每个人都有被重视、被信任的渴望，领导者敢不敢于放手用人，给员工一个施展才华的舞台与机会，是影响核心员工忠诚度的一个重要方面。在对离职员工进行调查的时候，不少离职的核心员工都反映，领导者不信任人，不肯放权，不给他们发挥的空间，无论什么情况下犯的错误都推给员工，这是他们辞职的最主要原因。对知识经济时代的核心员工而言，给予他们必要的信任和更大的决策权是精神激励的重要组成部分。大多数的核心员工都具有很强的自主性，他们不仅不愿受制于物，而且无法忍受上级的遥控指挥，他们更强调工作中的自我引导。核心员工还普遍具有获得更大成就和业绩的意识，被领导者委以重任可以促使他们对工作充满热情，发挥他们更大的主动性。在知识经济时代，核心员工对自己的工作比领导者更为熟悉。解决这个问题最重要的方法就是选择优秀员工，相信他们，给予他们足够施展个人才智的空间与权力。

美国著名将军巴顿的信任

在诺曼底战役的时候，盟军总司令艾森豪威尔任命一位军官到第三集团军当师长。巴顿就是第三集团军的司令。当巴顿听说这个消息后，立即表示反对。巴顿认为这个人很无能，不愿意让他在自己手下工作，但艾森豪威尔仍一意孤行。此后不久，巴顿最担忧的事情发生了。这位军官果然把事情搞得一团糟，打了败仗。这时，艾森豪威尔意识到问题的严重性，就命令这位军官辞职。巴顿却表示绝对不让他辞职，这大大出乎所有人的预料。

在一开始，最先提出不让这位军官任职的就是巴顿，而此时，他又不愿意辞退这位无能的军官。面对艾森豪威尔的质疑，巴顿斩钉截铁地给出这样的回答："虽然他表现不佳，但那时候他是你们多余的军官之一，而现在他是我的部下，我就要信任他的能力并承担他的一切，无论好坏，我会尽全力使他成为一名合格的将军。"

有时候，一些领导者相信自己多一些，对他人不放心，经常干涉员工的工作，尤其是从工作第一线成长起来的领导者更是如此。但是，这样在组织中往往会形成一个怪圈：领导者不信任员工，一遇到紧张阶段或者棘手的问题，就想自己插手，变得独断专行，而员工就会被束手束脚，养成依赖、从众和封闭的习惯，有主动性和创造性的核心员工即使不离开，这种氛围下也会变得碌碌无为。时间长了，组织就会丧失生机和活力。

在 GE 前总裁韦尔奇上任的时候，GE 这个巨大的组织就面临着这样的问题，庞大的组织弥漫着官僚气息。韦尔奇对此指出：“领导管得少，才能管得好。”他把信任员工和充分授权看作是现代管理的真谛，并将这个管理理念在整个 GE 管理层中加以推广。微软公司总裁比尔·盖茨认为自己的员工都很聪明，应该信任员工，让员工自行决策，微软的员工对他们的工作有权做任何决定，因此他们的决策非常迅速。但是，每当他们要提出一项建议时，也必须提出适合的替代方案，并列举优缺点。这样做的用意是要训练员工的思考能力，如果事先将可能的状况和问题都考虑过了，即使原方案失败了，也可以立即采用替代方案，不会措手不及。

关于领导者信任的表达艺术，一般认为有以下 4 个方面：一是给予反馈。保证领导者及时与下属进行面谈，讨论他们的工作进展。这有利于领导者及时掌握事情的进展情况，特别是有些时候在事态变得严重之前掌握问题苗头，可以恰当地给予下属有关反馈，从而大大提高下属的工作积极性。二是承认错误，同时重建信任来改善关系。道歉是一种用有效的方法去纠正错误的方法。但是，在很多组织中，领导者和下属都习惯于掩饰错误，认为这些错误是不能被接受的。这样的做法把问题变得更为严重。领导者如果能够在自己犯错的时候勇于承认错误，事实上并不会被视为懦弱——他们将被认为是正直的，值得被信赖的。三是开诚布公。下属最看重领导是否正直。人们愿意跟着自己信任的人。领导者如果能够开诚布公，即使对待坏消息也能用一种开放和诚实的态度，那么就能建立牢固且长期的信任关系——无论在组织内部还是外部。四是让员工了解参与组织决策。使员工关心关注组织发展，并使他们乐于参与组织活动，让他们觉得组织是可依靠的，对于组织而言，也要恪守自己的承诺。低信任度的组织要做的第一件事就是评估员工的态度和努力，弄明白信任度低的原因所在。为了构建一个高信任度的组织，领导者必须寻求员工不信任的来源来提高员工士气。倾听员工的建议对提升员工的信任度可以发挥很大的作用，但是仅仅从员工那里寻求建议是不够的，领导者必须告诉他们领导层采纳了哪些建议及取得了哪些效果，而不能简单地假定员工会留意这些变化。通过以上途径，一个组织将真正建立起以信任为基础、以业绩为导向的组织文化，从而保障团队领导对员工的信任最大可能地转化成业绩。

三、育人是根本

美国著名的企业家安德鲁·卡耐基曾经说过“带走我的员工，把工厂留下，不久后工厂就会长满杂草；拿走我的工厂，把我的员工留下，不久后我们还会有个更好的工厂”。一个组织在发展的同时，要使员工各方面也获得发展，员工成长将是组织未来生存的基础。正如海尔集团所倡导那样，“小河有水，大河满”。组织和员工实现“双赢”，这是组织人力资源管理的目标，也是组织文化建设的价值所在。

GE 营造育人环境

在 GE，员工的离职率并不高，主要是因为 GE 在招人时非常谨慎。GE 深知，企业和员工的成长是在共同的价值观影响下，朝着共同的愿景奋斗而实现的。员工不是生来就认同企业的愿景和价值观的，因此用愿景和价值观来选择员工，是形成良好工作关系、打造雇主品牌的第一步。GE 有一个选拔人才的基本标准——“又红又专”，即人才必须要有很好的诚信精神，同时又有公司所需要的业务素质。GE 认为，哪怕你是在一个小小的店里实习，或者做社会上的志愿者，都是工作经验和社会经验。除此之外，GE 最注重的是应聘者是否具备交流、沟通的能力，分析、解决问题的能力，工作的主动性、潜在的领导才能，以及对企业文化的适应性。GE人力资源管理者认为，很多人离职并不是因为能力不行，只是暂时不能适应环境的变化，因此在新员工入职后，公司会对他们进行全面的培训，让他们有一个良好的融入过程，从而让企业和员工建立起良好的心理契约。

曾有一份关于中国企业员工离职率的调查报告指出，工作2~3年的人群离职率最高。报告分析认为，经过两三年的成长，不少人认为自己有了足够的升值资本，希望拥有更大的职权。一个单位中每个员工，尤其是年轻人需要空间发挥来证明自己。IBM公司在管理方面做了很多研究，把经理的任务规定为“下级的助理”。IBM发现，一个经理若把他的主要作用看作是帮助下级开展工作，那么他就是一个高效率、能产生最好效益的经理。毕竟，一个经理最多只能做一个人的工作。但是，如果他能确保从各个方面去帮助下级开展工作，就可以大大提高工作效率。这正是领导者培养、锻炼人的关键所在。领导者的责任在于引导、指示和必要的建议。他应该尽可能远远地躲在幕后，这样既培养了下属的能力，又让下属获得一种信任感，下属感觉到是自己在做，因此可以心无旁骛，更加努力工作，以做得更好。

在员工入职以后，领导者根据员工的特点，协助员工制定适合的发展路线，让员工看到自己成长的方向和发展的空间，这样以来就能够很大程度上调动员工的积极性，使得员工更加爱岗敬业。管理学研究表明，领导者应该重点以员工职业发展规划为主线来加强员工培训。培训作为人才培养的重要方式应该扮演两种角色：其一是传统意义上的，通过培训为组织培养造就合适的工作人选；其二是确保员工长期兴趣受到组织的关注与重视，使他们能够争取发挥出自己的全部潜力。从员工角度来看，随着员工素质的提高和自我价值实现需求日益强烈，员工更加重视职业发展问题，在组织发展的同时更加关注自己的发展路径和发展空间。因此，只有将组织的发展目标和员工个人的发展目标有机结合起来，协调一致，才能发挥员工的最大潜力，激励他们快速成长，从而形成组织与员工共同成长的“双赢”关系。

第二节　用人激励的艺术

一、激活一池春水

古人云：“安而不忘危，治而不忘乱，存而不忘亡。”尽管这是治国安邦之策，可对于管理工作同样适用。日本著名企业家松下幸之助在总结其企业成功的经验时，也特别强调：长久不懈的危机意识是使企业立于不败之地的基础。

鲇鱼效应源自一个渔夫捕鱼的故事。故事说，挪威人喜欢吃沙丁鱼，渔夫为了保证沙丁鱼的鲜活，在运送沙丁鱼的过程中，有意识地放了一些鲇鱼进去，让沙丁鱼紧张起来，以增强群体活力，防止沙丁鱼死亡。这种有趣的现象被人们称作“鲇鱼效应”。鲇鱼效应说明，漠视危机就会失去生机。一个人只有时刻具有危机意识，才能激发活力，不断创新。安而忘危，就会放松警惕，懈怠斗志。

当人们安于现状，对潜在的威胁缺乏清醒认识时，就会慢慢丧失斗志，最后一事无成。相反，如果在人群中安置一个强有力的竞争者，那么人们将充满斗志。鲇鱼效应经常被用于企业员工的管理和激励，特别是在一些人员流动率较低的单位，人们容易缺乏工作动力，使组织失去生机，丧失竞争力。领导者让组织重整旗鼓的途径之一就是让员工感受到潜在的危险和竞争的压力。

领导者要提高组织中员工的竞争意识一方面可以通过直接招聘强有力的竞争者。另一方面还可以通过建立健全竞争机制，让有能力的人脱颖而出。如果一个组织中的员工长期固定，就缺乏活力与新鲜感，容易产生惰性。尤其是一些老员工，工作时间长了就容易厌倦、疲惰、倚老卖老，因此有必要找些外来的“鲇鱼”加入这个组织，制造一些紧张气氛。当员工们看见自己的位置多了些“职业杀手”时，便会产生某种紧迫感，知道该加快步伐了，否则就会被淘汰掉。这样一来，组织就会重新出现生机勃勃的局面。因为，当一个人存在压力时，为了更好地生存发展下去，必然会比其他人更用功，而越用功，跑得就越快。

墨子苦心激励耕柱

耕柱是一代宗师墨子的得意门生，但他老是挨墨子的责骂。有一次，墨子又责备了耕柱，耕柱觉得自己非常委屈，因为在许多门生之中，大家都公认耕柱是最优秀的，却偏偏常遭到墨子指责，让他感觉很没面子。一天，耕柱愤愤不平地问墨子：“老师，难道在这么多学生当中，我竟是如此的差劲，以至于要时常遭您老人家责骂吗？”墨子听后，毫不恼火地问：“假设我现在要上太行山，依你看，我应该用良马来拉车，还是用老牛来拖车？”耕柱答：“再笨的人也知道要用良马来拉车。”墨子又问：“那么，为什么不用老牛呢？”耕柱答：“理由非常的简单，因为良马足以担负重任，值得驱遣。”墨子说：“你答得一点也没错。我之所以时常责骂你，也只因为你能够担负重任，值得我一再地教导与匡正。”

二、好钢是炼出来的

汉王充在《论衡》里讲了这样一番道理，他说，齐地世代刺绣，普通妇女没有不会的；襄邑世代织锦，再笨的妇女也是织锦的巧手。天天看，日日做，手就熟练了。又说，处理政务能力需要经验的不断积累，当然从事机关文案工作的文吏在前，而钻研学问的儒生在后，这是从朝廷的角度来看。如果从讲论儒学的角度来衡量，则儒生在上，而文吏在下。要说种田，那农民最棒；要说经商做买卖，则商人最能。因此，一个人在某方面能与不能，就看他是干与不干。王充在这段话里至少说明了两点意思：一是熟能生巧，实践出能力；二是读书人固然聪明，但是要做好某项事情，还必须积极参与实践。

从实践锻炼的角度看，担任一个职务的时间不宜太短，尤其是一些需要积累知识和经验的职务更是如此。金世宗经常和大臣们在一起讨论用人的问题，有一次金世宗问：“我们的学士院（同其他朝代的翰林院）在出优秀人才方面，怎么大不如过去呢？”右丞相张汝霖回答说：“人才是需要培养的，如果能让他们在某种职务上得以久任，自然就可以得到这方面的优秀人才。”这话是有道理的，其他行政职务虽然不像翰林院那样需要久任，但是任职时间也不宜过短，因为时间过短难以积累经验，也增长不了多少才干，只能是“镀金”而已。

因此，领导者要积极搭建平台，多岗位锻炼人才。当今人才的成长，大多经历过岗位互换、挂职交流等纵横岗位锻炼，使其在不同的环境中、不同的岗位上提高决策水平和解决实际问题的能力，在实践的大熔炉、大课堂里砥砺本领，夯实基础。多岗实践能够丰富工作经验。实践是才能积累的过程，是人才成长的基石。一个领导者只有经过多岗位、多层次、多领域的实践锻炼，在换位思考中把握其共性规律，在广阔的天地里开阔视野，积累经验，丰富阅历，才能思想上成熟、经验上丰富、业务上熟练，成为复合型、全面型人才；多岗实践益于磨炼意志。没有痛苦的磨炼就没有坚强的意志，非经艰苦的环境难有过人的胆识。

三、抓住关键时机

用人应当抓住时机。古人云："用人之道，当自其壮年心力精强时用之。"每一个人，特别是出类拔萃的人才，都会有他一生最辉煌的时期。这一辉煌时期是领导者和人才共同造就的。因此，领导者一定要擦亮自己的眼睛，把还没有露出光芒却极有潜质的人才从队伍中挑选出来，安排在能够激励他成长的重要岗位上。但是，这需要注意两个方面的问题。一是起用的时期。这个时期应该是这个员工一生中才华最突出、精力最充沛的时期，因而也正是最能够充分发挥其才能的时期，这样，该员工就可能为组织做出巨大的贡献。二是起用的时机。这应该是最能激励员工成长、进步的时期，只有在员工把自己成长与组织的前途紧密联系起来的时候，才能使人才的创造性得到最大限度的发挥。在这个时候，领导者应该大胆地、及时地把员工提拔到重要的工作岗位上去。

一般而言，人才的生命周期大致可以划分为引入阶段、发展阶段、成熟阶段和衰退阶段，每个阶段有不同的特点，领导者应当采取不同的管理策略。

1. 引入期

这个时期是指从员工加入组织之后，到逐渐适应并融入组织文化，了解并熟悉工作业务，能够独立承担工作之前的这一段时间。通常指加入组织一年以内的时间，应届毕业生指前两年的时间内。这个时期的员工往往冲劲大、积极性高，当然部分人员也有空想表现，对组织的制度、文化等有些不适应的地方，因此存在人员流动率高等问题。这一阶段领导者应该多发掘员工的特点，有针对性地进行培训和引导。在工作中要注意保护员工热情，让他们接触一些组织内的行家里手，使之明白"天外有天"的道理，尽可能在这个阶段把他们的行为纳入组织规范。

2. 发展期

这个时期是指员工从能独立承担工作开始，业务知识、技能和经验得到较大的提升，主要表现为：一是纵向上获得岗位晋升和提拔，从专业岗位走上管理岗位；二是横向上知识与技能得到拓宽，成为多面手。这一阶段通常指加入组织 3~5 年内的时间。在这个时期，经过工作实践和锻炼与磨砺，有能力的员工渐渐浮出水面。希望做出成绩，希望得到提升也是他们的心愿，这时也会产生新老员工的矛盾与冲突，这个时期领导者的主要任务是提供学习与锻炼机会来培养人才、留住人才，把其中确实有能力的员工放在重要岗位上，并努力降低内耗、促进团结。

3. 成熟期

这个时期是指员工从基层岗位走向中高层管理，或者由多面手成为专家。这一阶段通常指加入组织 5~10 年内的时间。经过前一段时间的考验，有能力的人才脱颖而出，逐步走上管理岗位和专家岗位。这个时期的人才业务能力强，经验丰富，创新能力也是最强的，但也容易产生骄傲自满的心态。领导者应赋予其更大的责任和更有挑战性的工作，给予其更多的发展空间与机会，拉长其职业发展空间，避免“天花板效应”，并且还要给予愿景激励，倡导忧患意识，激发他们的创业精神。同时，单位也要转变观念，不断提高人才待遇，注重对他们的长期激励，让他们共享单位的发展成果。特别要留心一些核心员工的思想动态，尽量采取有针对性的措施进行挽留。

4. 衰退期

这一阶段通常指加入组织 10 年以上的时间。经历了成熟期之后，人才的发展可能有两种趋势：一种是进入衰退期，另一种是保持持续发展，进入持续发展期。有的员工由于长时间从事一项工作，会表现为满足现状，不思进取，学习能力和创新能力下降，领导者这时应该制订员工再培训计划，重新焕发他们的斗志，并分别给予岗位调整置换。也有部分人才仍保持持续的成长性，具有很强的学习能力、创新能力和对组织的忠诚度。这种人才是非常稀缺的，他们往往是组织未来的栋梁，领导者应当把他们列为重点培养对象，给予进一步发展的空间与机会。

在4个发展阶段中，发展期与成熟期是最为关键的阶段，对组织产生最重要的影响。在发展期，如果员工离职，对组织和员工而言是双输的。一方面，员工经过了几年的学习和锻炼，工作能力和经验都得到了较大的提升，但尚存在需要进一步提升的空间，这个时候如果离开组织，原有的经验积累将得不到利用。另一方面，组织花时间和精力，给平台和机会对员工进行了几年的培养发展，到快要产生贡献的时候，员工却离开了，这是一笔很大的损失。所以这一阶段要尽量避免员工离职。而到了成熟期，员工的能力、经验尤其是创造力均达到顶点，这时候他们对组织的贡献度最大，也是单位的顶梁柱。

总之，领导者在人才的生命周期管理中，要缩短人才的引入期，合理引导发展期，尽量延长成熟期，努力控制衰退期并使其转入持续发展期，使人才的生命周期与组织的发展周期相适应、相匹配。

四、把人才放在最合适的位置上

俗话说得好，“好钢用在刀刃上”，也就是说，要将关键的东西用在关键的地方，它发挥的作用才会是最大化的。作为领导者，只有信任、喜爱自己的员工，才会真正地了解他们，清楚他们的特性，才能把他们安排在最合适的位置上，才能创造出最好的用人绩效。

（一）能力与岗位匹配

能力与岗位匹配，简称能岗匹配，或者能位相宜。它是衡量一个组织中用人绩效的重要指标，其含义包含两个：一是指某个人的能力完全胜任一个岗位的要求，即所谓人得其职；二是指岗位所要求的能力这个人完全具备，即所谓职得其人。领导者的职责正是尽可能使人的能力与岗位要求的能力达成匹配。对具有不同能力的人，应放在组织内部不同的职位上，给予相应的权力和责任，实行能力与职位的对应和适应。为了使最少的员工发挥出最大的系统功能，必须在组织系统中，建立一定的层级结构，即根据工作性质、任务大小、工作的繁简难易以及责任轻重等因素，统一划分出职位的能级层次，并制定相应的标准、规范，形成纵横严格的组织网络体系。从而构成相对稳定的一种组织管理“场”，然后将所有组织成员按其自身的能力、素质，十分恰当地安排在整个网络的“连接点”上，并赋予其层次位置。另外，需要确定其“组织角色”的身份性质。要想合理使用员工，就必须考虑员工能力与岗位是否相配。有多大的力，挑多重的担。领导者应该凭借更为系统的理论来分析员工，使他们的能力与岗位相适应。把个人素质与群体素质相吻合，让员工的成才轨迹与组织目标相一致，把好钢用到刀刃上，为员工搭建施展才华的舞台。

（二）让员工做他喜爱的工作

常言道：“兴趣是最大的动力。”在条件允许的情况下，领导者要尽可能考虑员工的兴趣、爱好和个人意愿，以此来合理安排他的工作，这样处理比违背他的意愿，靠强迫让他从事某项工作，会获得更好的绩效。这要求领导者充分尊重每个人的选择，并且鼓励员工勇于“自荐”。在用人过程中要授以职权，用人不疑，尽量满足员工在成才和目标选择方面的正当要求，努力为他们提供必要的工作条件、物质条件和心理条件。

首先，领导者要注意难度与动力之间的关系。过于困难的任务根本不会产生激励的作用。员工如果看不到任何完成任务的希望，就不愿意去尝试。如果他们是勉强为之，就会产生极度紧张、压力与对失败的恐惧感。因此，难度过大的工作会挫伤员工的积极性，使他们无法享受到机遇带来的快乐。相反，那些对员工来说，毫无挑战的工作、易如反掌的工作、鸡毛蒜皮的工作又会让他们没有丝毫荣誉感、没有成就感、没有成功的喜悦。因此，一定要确保员工所承担的任务是他们力所能及的。

此外，领导者还需要通过工作丰富化等手段来提升员工的工作满意度。工作丰富化是以员工为中心的工作再设计（employee-centered work redesign），它是一个将组织的使命与员工对工作的满意程度联系起来的概念。它的理论基础是赫茨伯格的双因素理论。领导者鼓励员工参加对其工作的再设计，这对组织和员工都是有益的。工作设计过程中，员工可以提出对工作进行某种改变的建议，以使他们的工作更让人满意。但是，他们必须说明这些改变是如何更有利于实现整体目标的。运用这一方法，可以让每个员工的贡献都得到认可，同时也强调了组织使命的有效完成。

塔坦公园 3M 俱乐部的洗碗女工

塔坦公园 3M 俱乐部是专门为 3M 公司雇员服务的内部俱乐部。经理奈尔·瑞纳特雇用了五六个 16~17 岁的女学生晚间来洗碗。为了避免洗碗工流动性太大，奈尔给这种乏味的工作增添了一些生气。他列了一份工作检查项目清单和计分标准，同时规定了口头表扬和实物奖励的标准。检查项目包括：在餐厅关门以后拖地板；把用过的盘、碗运到洗碗机里清洗；检查银器（银器的清洗、清点工作也由女工来完成）等。奈尔把所有的规定制成一份图表，挂在了洗涤间里，并进行集体评分。按照规定，如果连续三周达到预定目标，每个洗碗工就可以得到一张 15 美元的奖券作为鼓励。奖券可以兑换成 3M 公司生产的礼品、衣服，也可以兑换成电影票、剧票和冰球票，或者是俱乐部的晚餐。由于标准是按照集体规定的，所以女工们都相互鼓励，很快能够出色地完成任务。自实施这种方法以来，女工们情绪高涨，每天都认真看图标上的积分，并且开始做一些并非分内的工作。奈尔说道，“以前是坐等工作，现在是主动找活儿干，并且期待着以团结协作的方式达到目的”。

（三）建立多层级的淘汰机制

优胜劣汰，疏通“下”的渠道，这是选贤任能的关键措施。长期以来，机关事业单位中的领导者常常“一纸定终身”，不犯错误不能下，甚至犯了错误也不能下，一直是困扰干部工作的一大难题。建立优胜劣汰、能上能下、能官能民的干部工作机制无疑将增强干部队伍的整体活力。2015年6月26日中央政治局审议通过了《推进领导干部能上能下的若干规定（试行）》。此举开启了攻克“干部能上能下”难题的破冰之旅。毛泽东同志也曾经说过，房子是应该经常打扫的，不打扫就会积满了灰尘。“能者上，庸者下”这一普遍的政治伦理理应成为官场常态。唐太宗李世民说：“为官择人，不可造次。用一君子，则君子皆至；用一小人，则小人竞进矣。”

不论是企业，还是政府事业单位，领导者都要依据一定的标准建立多层级的淘汰机制，以保证人才的竞争性和合理流动性。老鹰效应，即指的是“适者生存”一般来说，老鹰一次孵化四五只小鹰，而老鹰每次所猎捕回来的食物只能喂食一只小鹰，而哪一只小鹰抢得凶就喂哪一只小鹰。于是瘦弱的小鹰吃不到食物最终都饿死了，抢得最凶的小鹰存活下来，代代相传，老鹰这个种族就越来越强壮。人们将这种“适者生存”的现象称为“老鹰效应”。

一个组织中只有让高素质的员工成为工作的主角，员工队伍的整体素质才能够提高，组织绩效才能够不断攀升。否则，就会在日益激烈的社会竞争中遭到自然淘汰。领导者应该按照“无功便是过，无为便是错，有为才有位”的用人原则，以实绩定奖惩，以功过定取舍，及时调整不称职和不胜任现职的员工。不断加快员工流动，增强生机与活力。坚持量才使用、用人所长、适岗适位的原则，更好地发挥淘汰机制的作用。

人为等级排序引起的争论

组织对员工的工作情况做出评价，这听起来无可厚非，而且越来越多的领导者认为，通过人为的排序将员工的工作表现分成不同等级，这是极具价值的激励手段。随着经济增长速度放缓，以及人们日益重视论功行赏，越来越多的公司开始学习思科系统公司、英特尔公司和通用电气公司等大型公司实行的人为等级排列系统。他们认为，这种制度为制定预算提供了方便，而且还能帮助那些优柔寡断的管理人员，因为他们在处理业绩不佳的员工时往往畏首畏尾。但是，批评者认为，这项制度会强迫领导者惩罚明星团队中表现尚可的员工，相反，在处境艰难的部门里表现平平的员工却有可能脱颖而出。南佛罗里达大学企业心理学教授保罗·斯佩科特说：“在很多情况下，与表现最突出的员工相比，表现最差的员工在评分上不见得落后很多。”争论的焦点之一是分级标准的问题。在以制造业为主的经济中，能够轻而易举地区分出员工业绩的优劣——只要看看甲生产（或者售出）的产品是否比乙更多或更好即可。但是在如今的大多数企业中，普遍会使用大量含糊的质量标准来衡量员工的工作表现。毋庸置疑，团队协作与交流的技巧非常重要，但是这些因素很难量化。例如，在一位管理者看来是团队骨干的员工，在另一些管理者验证眼里可能就是无能之辈。正如保罗·斯佩科特所说，判断一个员工属于哪种类型可不像贴个标签那么简单。当然，员工们团结起来反对人为分级制度的主要原因是，他们怀疑公司能利用这种制度更加轻松地为解雇员工寻找借口。通用电气公司的前首席执行官杰克·韦尔奇就曾经说过这样的话:“不将居于最末端的10%的员工开除，不仅是管理上的失败，同样也是一种虚伪的仁慈。”

CHAPTER 10

第十章
职业发展激励

职业发展激励是“人本管理”时期特定的激励手段，也是最重要的战略性激励之一。虽然薪酬福利、组织气氛、组织文化等都是一个单位吸引员工的重要因素，尤其是薪酬福利成为很多组织吸引和留住优秀人才最常用的手段，但是研究发现，大部分离职者主要因为在原单位发展机会小而选择其他单位。其实，许多知名的优秀组织提供给员工的薪酬待遇并不是最好的，甚至明显偏低，但这些组织员工的精神面貌、员工队伍的稳定性却是很多高薪企业所无法比拟的，这正是因为员工在这样的单位中感觉到很有发展前途，也乐意为组织效力。

第一节　相关理论

每个员工进入组织后，都需要面对逐步职业化的过程。职业的选择和职业的发展既可以主动而为，也可能被动接受。下面简要介绍几种职业选择与职业发展理论。

一、霍兰德职业选择理论

美国著名的职业指导专家、约翰·霍普金斯大学心理学教授约翰·霍兰德（John Holland）于1959年提出了具有广泛社会影响的人业互择理论。这一理论首先根据劳动者的心理素质和择业倾向，将劳动者划分为6种基本类型，相应的职业也划分为6种类型。

1. 现实型（R）：喜欢做使用工具、实物、机器或与物有关的工作；动手能力强，动作协调；脚踏实地，实事求是，不善言辞和交际。具有手工、机械、农业、电子方面的技能，爱好与建筑、维修有关的职业。主要职业有：工程师、技术员、机械操作、维修安装、矿工、木工、电工、鞋匠、司机、测绘员、农民、渔民、牧民等。

2. 研究型（I）：喜欢独立和富有创造性的工作，如生物科学，物理科学活动；抽象思维能力强，生性好奇，具有极好的数学和科学研究能力，知识渊博，不善于领导他人，爱好科学或医生领域里的职业。主要职业有：自然科学和社会科学的研究人员、专家，化学、冶金、电子、无线电、电视、飞机等方面的工程师、技术人员，飞机驾驶员，计算机操作人员等。

3. 艺术型（A）：喜欢不受常规约束，以便利用时间从事创造性的活动，天资聪慧，创造性强，不拘小节，自由放任，具有特殊的才能和个性，渴望表现自己的个性，具有语言、美术、音乐、戏剧、写作等方面的技能。爱好能发挥创造才能的职业。主要职业有：音乐、舞蹈、戏剧等方面的演员、艺术家编导、教师，文学、技术方面的评论员，广播节目的主持人、编辑、作者；绘画、书法、摄影家；艺术、家具、珠宝、房屋装饰等行业的设计师。

4. 社会型（S）：喜欢参加咨询、培训、教学和各种理解、帮助他人与教育他人的活动；具有与他人相处共事的能力，渴望发挥社会的作用；比较看重社会义务和社会道德。主要职业有：教师、保育员、行政人员、医护人员、衣食住行服务行业的经理、管理人员和服务人员、福利人员等。

5. 企业型（E）：善交际，喜爱权力、地位和物质财富，喜欢领导和左右他人，具有领导能力，说服能力及其他一些与人打交道所必需的重要技能；雄心勃勃，友好大方，精力充沛，信心十足，喜欢竞争，敢冒风险。爱好商业或与管理人有关的职业。主要职业有：经理企业家、政府官员、商人、行业部门和单位的管理者等。

6. 常规型（C）：喜欢按计划办事，习惯接受他人的指挥和领导，不敢冒险和竞争；尽职尽责，忠实可靠；善于做系统地整理信息资料一类的事情；具有办公室工作和数字方面的能力。爱好记录、整理文件、打字、复印及操作计算机等职业。主要职业有：会计、出纳、统计人员、打字员、办公室人员、秘书和文书、图书管理员，保管员、旅游、外贸职员、邮递员、审计员、人事职员等。

霍兰德认为，每个人都是这6种类型的不同组合，只是占主导地位的类型不同。他还认为，每一种职业的工作环境也是由6种不同的工作条件所组成，其中有一种占主导地位。一个人的职业是否成功，是否稳定，是否顺心如意，在很大程度上取决于其个性类型和工作条件之间的适应情况。霍兰德职业人格能力测验就是通过对被试在活动兴趣、职业爱好、职业特长以及职业能力等方面的测验，确定被试上述6种类型的组合情况，并根据其个性类型寻找适合被试的职业。霍兰德的职业选择理论，实质在于劳动者与职业的相互适应，同一类型的劳动和与职业互相结合，便是达到适应状态，最后劳动者找到适宜的职业岗位，其才能与积极性会得以很好发挥。

二、金兹伯格的职业选择阶段理论

美国著名职业指导专家金兹伯格（Ginzburg）对职业生涯的发展进行

过长期研究，产生了非常广泛的影响。他把职业发展分为三个阶段，即幻想期、尝试期和实现期。

1. 幻想期（0~11 岁）：儿童们对大千世界，特别是对于他们所看到或接触到的各类职业工作者，充满了新奇、好玩的感觉。此时期职业需求的特点是：单纯凭自己的兴趣爱好，不考虑自身的条件、能力水平和社会需要与机遇，完全处于幻想之中。

2. 尝试期（11~17 岁）：这是由少年儿童向青年过渡的时期。具体划分 4 个阶段：兴趣阶段、能力阶段、价值阶段和转移阶段。这一时期，人的心理和生理在迅速成长发育和变化，有独立的意识，价值观念开始形成，知识和能力显著增长和增强，初步懂得社会生产和生活的经验。在职业需求上呈现出的特点是：有职业兴趣，对职业有更深层次的探索，更多的和客观的审视自身各方面的条件和能力；开始注意职业角色的社会地位、社会意义，以及社会对该职业的需要。

3. 实现期（17 岁以上）：这一时期又分为试探、具体化和专门化三个阶段。青年即将步入社会劳动，能够客观地把自己的职业愿望或要求，同自己的主观条件、专业方向、能力，以及社会现实的职业需要紧密联系和协调起来，寻找适合于自己的职业角色。他们对所希求的职业不再模糊不清，已有具体的、现实的职业目标，表现出的最大特点是客观性、现实性、讲求实际。

金斯伯格的职业发展论，展示了从幼年到青年期个体职业心理发展的生动图景，表明早期职业心理的发展对人生职业选择有着重大的影响。

三、施恩的职业生涯发展理论

美国麻省理工学院斯隆管理学院教授、著名的职业生涯管理学家施恩（E. H. Schein）立足于人生不同年龄段面临的问题和职业工作主要任务，将职业生涯分为 9 个阶段。

1. 成长、幻想、探索阶段（0~21 岁）：此阶段的主要任务是：发展和发现自己的需要和兴趣，发展和发现自己的能力和才干，为进行实际的职业选择打好基础；学习职业方面的知识，寻找现实的角色模式，获取丰富信息，发展和发现自己的价值观、动机和抱负，做出合理的受教育决策，将幼年的职业幻想变为可操作的现实；接受教育和培训，开发工作世界中所需要的基本习惯和技能。在这一阶段所充当的角色是学生、职业工作的候选人、申请者。

2. 进入工作世界（16~25 岁）：此阶段的主要任务是：个体通过查看劳动力市场，谋取可能成为一种职业基础的第一项工作；同时个体和雇主之间达成正式可行的合同契约。因此，个体作为一个组织或一种职业的成员，充当着应聘者、新学员的角色。

3. 基础培训（16~25 岁）：与上一阶段不同的是，个体在此阶段要担当实习生、新手的角色。即，他们已经迈入组织的大门，成为一名新职员。此时个体的任务主要是了解、熟悉组织，接受组织文化，融入工作群体，尽快取得组织成员资格，成为一名有效的成员；并能适应日常的操作程序，应付工作任务。

4. 早期职业的正式成员资格（17~30 岁）：此阶段的主要任务是：承担责任，成功地履行与第一次工作分配有关的任务；发展和展示自己的技能和专长，为提升或进入其他领域的横向职业发展打下基础；根据自身才干和价值观，以及组织中的机会和约束，重新评估当初选择的职业，决定是否留在这个组织或继续从事该职业，在自己的需要和组织约束之间寻找一种更好的平衡。

5. 职业中期（25 岁以上）：此阶段的主要任务是：选定一项专业或进入管理部门；保持核心竞争力，在自己选择的专业或管理领域内继续深造学习，力争成为一名专家或职业能手；承担较大的责任压力，确立自己的职业地位；适时开发个人的长期职业计划。

6. 职业中期（35~45 岁）：此阶段的主要任务是：全面评估个人的进步、职业抱负及发展前途；就接受现状或者争取可以预见的发展目标做出具体选择；与他人建立良好的师生（徒）关系。

7. 职业后期（40 岁 ~ 退休）：此阶段的主要任务是：以良师的身份和地位，发挥影响作用，指导和指挥别人，并对他人负责；进一步提升和深化技能，提高才干，以实现职业晋升，担负更大范围、更重大的责任；如果求安稳，就会止步不前，对个人影响力的下降予以接受。

8. 衰退和离职阶段（40 岁 ~ 退休，不同的人在不同的年龄会衰退或离职）：此阶段的主要任务是：学会接受个体权力、责任和地位的下降；在竞争力和进取心下降的同时，学会接受和发展新的角色；重新评估自己的职业生涯，着手离职或退休。

9. 离开组织或职业阶段（离职或退休以后）。此阶段的主要任务是：个体在失去工作或组织角色之后，保持一种认同感，面对和适应角色、生活方式和生活标准的急剧变化；保持一种自我价值观，运用自己积累的知识经验，整合各种资源，发挥余热，对他人进行传帮带。

从施恩划分的职业生涯阶段来看，其基本依据是按照年龄从低到高的顺序进行划分，但是他在每个职业阶段只给出了大致的年龄范围，并在职业阶段所示的年龄上存在交叉。这是因为他划分的依据还包括了人的职业状态、任务、职业行为的重要性。

四、舒伯的职业发展理论

舒伯（Super）首次提出了职业生涯的概念，并根据自己“生涯发展形态研究”的结果，参照布勒（Bueller）的分类，也将职业生涯发展阶段划分为成长、探索、建立、维持和衰退 5 个阶段，具体如下。

1. 成长阶段（0~14 岁）：这个阶段的个体通过与家庭成员、朋友、老师之间的相互作用，逐渐建立起自我概念，知道了如何看待自己。这个阶段发展的任务是：发展自我形象，发展对工作世界的正确态度，并了解工作的意义。这个阶段共包括三个时期：一是幻想期，它以“需要”为主要考虑因素，在这个时期幻想中的角色扮演很重要；二是兴趣期，它以“喜好”为主要考虑因素，喜好是个体抱负与活动的主要决定因素；三是能力期，它以“能力”为主要考虑因素，能力逐渐具有重要作用。

2. 探索阶段（15~24 岁）：该阶段的青少年通过学校活动、社团活动、勤工俭学等机会，对自我能力及角色、职业做了一番探索，因此选择职业时有较大弹性。这个阶段发展的任务是：使职业偏好逐渐具体化、特定化，并实现职业偏好。这个阶段共包括三个时期：一是试探期，考虑需要、兴趣、能力及机会，做暂时的决定，并在讨论、课程学习、实践等情境中加以尝试；二是过渡期，进入就业市场或专业训练，更重视现实，并力图实现自我观念，将一般性的选择转为特定的选择；三是试验并稍作承诺期，生涯初步确定并试验其成为长期职业的可能性，若不适合则可能再经历上述各时期来重新明确方向。

3. 建立阶段（25~44 岁）：由于经过上一阶段的尝试，初步合适者会谋求变迁或做其他探索。因此，在该阶段个体能够确定自己在整个职业生涯中的“位子”，并开始考虑如何保住这个“位子”。这个阶段共包括两个时期：一是试验—承诺稳定期，个体寻求安定，也可能因生活或工作上若干变动而尚未感到满意；二是建立期，个体致力于工作上的稳固，因此，业绩优良，充满创意。

4. 维持阶段（45~65 岁）：个体仍希望继续维持他的“位子”，同时会面对许多新进人员的不断挑战。这一阶段发展的任务更多的是维持既有的成就和地位。

5. 衰退阶段（65 岁以上）：由于生理及心理机能日渐衰退，个体不得不面对现实，从积极参与到心生退意。这一阶段个体往往注重发展新的角色，寻求不同方式来替代和满足需求。

在每一阶段中，都有一些特定的发展任务需要完成，每一阶段需达到一定的发展水准或成就水准，而且前一阶段发展任务的达成与否关系到后一阶段的发展。

关于职业发展理论，还有格林豪斯（Greenhouse）提出的“职业准备阶段、进入组织阶段、职业生涯初期、职业生涯中期和职业生涯后期”的职业生涯发展五阶段论以及台德曼（Tiedeman,D. V.）的职业自我概念发展论等，在此不一一介绍。

第二节　职业发展激励的意义与挑战

一、职业发展激励的意义

职业发展激励是领导者与员工共同探讨员工在单位内部的职业发展历程，通过明确发展目标，充分调动员工的积极性，以实现员工在单位内部的自我发展与自我实现。例如，“创造让优秀员工脱颖而出的机制”就是实现员工职业生涯规划的有利保障。

1. 职业发展激励能满足员工的安全感

根据马斯洛的需要层次理论，安全感是一种较低层次的需要，只有这种需要满足了之后，其他的需要才能得以实现。职位安全感是安全需要的重要内容。职业发展激励是一种长期的激励方式，它是贯穿于员工一生的。领导者为员工制订职业生涯规划，就是为员工职业的将来考虑，从员工的潜质和能力出发，给员工的发展铺好道路，让员工自己更清楚地看到自己的发展之路，使员工在工作后没有后顾之忧，能安心地工作，即使在员工离开原来单位之后，也能更快地找到自己的发展方向。

2. 职业发展激励能满足员工的心理成就感

职业发展激励更多的是一种精神激励，是更高层次的激励方式，关系到组织和员工的长远利益。职业生涯规划的制订必将是在对员工的全面了解下进行，这样就会让员工产生一种受重视的感觉。并且，职业发展激励是随着员工工作的具体情况的改变而改变的，要对员工的工作及其工作态度和工作感受进行全面调查，这种类似于跟踪性的调查，更能切合员工的现实要求。所以，职业发展激励体现出了单位管理层对员工的关心，使员工产生一种自豪感，满足了员工的成就感。

3. 职业发展激励是一种心理契约

心理契约是指员工与单位双方彼此的一种期待。员工希望通过努力地工作和对组织的忠诚度，换来组织对自己工作的报酬以及对自己未来工作的保障和承诺。组织则根据员工的工作表现做出相应的反应。当员工的物质方面逐渐得到满足之后，员工对精神方面的要求就更强烈，职业发展激励就是符合了员工的这种要求，它关系着员工一生的职业发展，比任何物质的激励方式来得更加有效。这种新的心理契约建立方式，更能够帮助单位留住员工。

总之，领导者通过职业发展激励，结合组织文化与发展等方式，往往能够起到非常突出的作用。根据马斯洛的需要层次理论，个人最高层次需要是自我实现的需要。在组织中，许多员工低层次的需要往往已基本或部分得到满足，因而员工更关注的是个人的未来发展，包括在单位内部的职位发展。通过职业生涯规划，在员工面前放一把组织内部的职业发展梯子，引导员工产生渐近式的发展目标。通过这种激励方式，促进员工在组织中不断成熟与发展，人才聚集效应不断显现。

二、职业发展激励的挑战

随着我国市场经济发展的不断深入，许多私营企业已经逐步形成激励机制的宏观调控体系和秩序维护机制。但是，在政府、事业单位和国有企业等方面的人员分配、待遇等相关激励政策上，更多地沿袭计划经济时期的传统管理方式，缺少足够的灵活性和激励有效性。

1. 管理者思维禁锢

一个单位实施什么样的激励机制，是由单位管理者的知识水平和思想意识来决定的，每一个先进的激励手段的产生，都必须有一个与之相符合的新思想作为基础。有些企业在激励机制上存在问题，也就从侧面反映了这些企业管理者在思想观念上存在的问题。特别是改革开放以来，我国经济经历了多年的高速发展，这种发展速度与国外企业相比是非常快的，于是，也就导致了有些企业管理者片面追求经济效益，而忽视了管理者思想素质的提升。另外，由于管理者本人有着一种身份优越感，认为自己是一个领导者，只要能保持其身份就可以了，所以不重视自身的提高，不去接受先进思想，墨守成规。再者，一些行业领域中存在死气沉沉，缺乏应有的活力，领导者发现这种现象，但是他们认为这是体制上的问题，有着很深的历史原因，而自己能力有限，多一事不如少一事，这样一来就很可能阻断了制度纠正的渠道，延长了纠偏的时间。或者，管理者已经发现其他行业中职业发展激励的效用明显，但是他们认为不同行业领域中的岗位差距较大，引入过来以后可能会出现水土不服，没有主动尝试的勇气与担当，最终影响了此种激励措施的引入与实施。

2. 员工求稳心态

多年来，许多组织都把物质激励作为最重要的激励手段，并取得了非常不错的效果。一般而言，物质需要是工作的动力和职业发展的前提和基础。在我国物质极大丰富尚未实现之前，物质激励应该一直发挥优势，但是简单地用奖金福利等对员工进行激励，单位或行业的激励机制没有在实质上体现出员工的真正价值，没有一套可行的评判体系和纠治渠道来评估激励机制的效果，激励工作秩序不能得到应有的维护。如果一个企业在面对现在先进的市场体制时，不能及时采取积极有效的激励方式，也就不能够很好地运用职业发展激励这一手段来激励员工，为企业带来效益。我国一段时期一直描述公务员的“金饭碗”职位待遇和稳定性，出现了大学生考公务员热等现象，可以解释为很多优秀的青年更看重稳定的职位待遇。但是，可以初步估算一下，在目前我国公务员职务常任的情况下，一个人从年轻时进入公务员队伍，直到退休，一般有30多年的任职时间。根据公务员职业相对稳定，职业生涯长的特点，对公务员的激励，应是一个持续的过程，要有连贯性。

3. 职业发展是个人的事，与组织无关

一谈到职业，很多人认为这是一个人的私事。特别是大学毕业分配制度取消以后，很多人都面临着职业选择。个人与组织之间是一种双向选择，更凸显出来职业发展应由个人来主导。个人的主观意愿和进取心在一个人的职业发展中占有非常重要的位置。甚至还有一种观念认为，过于看重员工的职业发展，可能花费很多精力、时间和金钱，最终获得足够能量的员工很有可能弃组织而去，另谋高就，所谓“自己种的桃子被别人摘走了”，到头来为其他单位培养人才。但是，组织中的结构设计和制度规划具有影响人、培养人、塑造人的主导优势，特别是组织层面安排的岗位锻炼、学习培训等却在很大程度上决定着员工在组织内部的发展前景。因此，一个人选择比较基层的街区（乡镇）公务员，由于职数、岗位等原因，他的晋升和发展空间受到限制，而选择中央、国家部委的公务员，他的发展空间相对比较大，机会比较多一些。当然，我们要肯定国家选拔公务员制度的优越性，但是一旦在不同环境下的公务员面临着现实的发展差异，单从个人的视角无法解决当前的矛盾和困难。只有通过制度的顶层设计，通过组织行为，让发展机会体现出平等性。当前，我国正在推行的公务员职务级别并行制度，既契合公务员成长成熟的过程，设置相应的台阶，更为公务员的职业生涯提供可持续的发展空间和发展前景。

第三节　职业发展激励的设计

一、设计原则

（一）物质保障激励原则

一个人不管知识水平、自身素养以及工作职位等方面差异有多大，其需要层次都是从低到高的。也就是说，每个人都有对安全保障的需要，其能够获得具有竞争力的薪酬收入（如基本薪酬、岗位福利、年终绩效奖金）用以更好地保障个人物质生活需要，这有助于他们身处在诸多可变因素的外部社会环境与内部企业环境中，获得基本生理需要的满足，获得安全感。同时，能够通过薪酬收入的差异化设计，拉开差距，令优秀的人才获得职业发展的同时取得较高的收入，这也令他们从中获得强烈的被尊重感和工作成就感，有利于他们的工作积极性，更加安心工作并关注发展、投入更多的精力追求单位事业发展的成功。

此外，根据员工职能、经验、能力等的不同背景，组织可以通过激励的改善来调动和发挥员工的工作积极性，从而使得员工所从事工作活动时倾向于最佳的态度、方式和状态。因而，组织对员工的物质激励需要体现这种差异化、个性化的特点，在兼顾团队合作和和谐组织氛围的基础上，充分鼓励个人激励、鼓励竞争，避免将对一部分员工的正激励变成为对另一部分员工的负激励。

（二）按需激励原则

把握不同员工不同时期的不同主导需要，进行正确的引导和满足，做到因“才”激励，充分体现差异化，可以将激励的效用发挥到最大，这也是符合员工一定时期某种需要的最佳激励。确定了围绕员工职业发展这一激励方向的核心之后，兼顾个体需要的差异性和动态性，充分把激励的起点定位在适时满足员工以自我职业发展为倾向的最迫切需要，使得其效价最高，激励强度最大。因为离开了按需满足实现激励的这一有效手段，激励活动会变得没有意义，激励必须与适时满足相联系，也就必须以按需激励作为基本原则。

（三）持续激励原则

职业发展目标，是每个员工所追求的重要目标，每一阶段的职业发展片段，将完整地构成员工职业生涯的整个篇章。单位做到在不同的需求阶段持续不断地为员工创造职业发展的机会，就能够持续地支持员工在组织服务的平台上逐步实现个人整个大职业生涯发展的目标。当所有围绕职业发展的激励手段都在可行性的基础上保持持续性，员工在接受持续激励时，其过程中所要付出的努力也将是持续的，当员工获得每一阶段的成功后，其所获得的工作成就感和激励程度也是持续和循环的。

二、设计内容

科学的职业发展激励方案必然是有针对性的，能够确立员工的职业发展方向，帮助他发现个人的职业优势，同时结合组织发展策略与方向进行职业定位，从而实现个人与组织发展的完美连接。

（一）首轮定位的初步职业方向

传统的管理理论认为，领导者是组织赋予一个人的职位和权力，以率其部属实现组织目标；现代管理理论则认为，领导者是通过沟通交流过程去影响追随者的活动，以达到目标上的一致。有效领导者首先通过沟通过程去影响别人，其次强调如何对待个人、群体和组织目标。现代管理理论说明，领导者通过让每一位员工看到职业发展空间，为员工职业发展激励方案的设计和进行逐步奠定值得信赖的基础，加速优秀员工人结合自身理想及综合能力，来目测其在单位服务期间职业发展的速度。因此，可以根据不同员工的特点与职业发展需求，将员工进行“首轮定位”，即从人力资源的评估角度，初步按特定的职业发展方向进行培养。

（二）甄别职业期望及发展倾向

“首轮定位”是需要领导者前期从单位角度单方面开展活动，是为确定员工职业发展需要所做的必要准备，在方案设计过程中，要将员工的职业倾向和发展潜能发掘工具包作为必须引入的关键点，将人力资源专业工具包的实践应用作为关键步骤。通过一定的实务操作步骤，可以真实地获得员工的职业背景、职业历练、职业能力、发展期望、工作成就、个人认知自述与上级领导的观察评价，清晰地获得双向的反馈，能够为进一步确立员工职业发展目标提供客观依据。

（三）安排参加专业人才职业测评

来自加拿大的弗朗西斯·赫瑞比曾提出其个人观点，如“让员工理解公司的战略，并将其贯彻于自己的工作中，咨询和参与是深掘企业内部智力资本的两大工具”。领导者需要将咨询和参与这两大工具用于员工的人才职业测评，将参加专业的人才职业测评作为继职业期望与发展倾向甄别之后的闭合环节，进一步实现员工职业发展的准确定位，为切实制订员工职业发展计划提供科学依据。

职业测评项目进行过程中，每一位受评员工需要先后参加多项多情景多角色模拟练习，包括自我展示、变革管理、运营管理、商务谈判、团队创新、特定情景多人角色扮演。测评过程根据项目不同，或要求受评员工独立完成，或指定其他人员配合受评员工共同完成。测评项目要求每位受评员工在限定的时间内，完成对给定情景信息的了解、给出个人判断，并根据项目要求提供解决方案和决策，最终就所给出的方案与职业测评小组观察员进行交流，接受来自观察员全方位的提问。

本环节的职业测评，要求作为受评对象的员工“完全做自己”“努力认识自己”，每一项指定测评项目的练习都是实现“完全做自己”的工具和手段，受评员工根据每一项练习给出解决方案和决策是“努力认识自己”的一次真实反映，需要能够体现受评员工的思维模式、管理风格、职业优势，职业素养、职业能力以及某些不足。职业测评小组观察员与受评员工的设定交流与问答环节，将强化受评员工与观察员双向对受评员工自身职业优势以及存在不足的深入了解，这将为形成准确的职业测评报告提供客观依据，也为员工全面认识自己和完全接纳单位制订的职业发展计划奠定心理基础。

（四）制订职业发展培养计划

对员工职业发展激励方案的设计与改善，根本目标旨在通过发掘员工自身的优势与不足，为制订和落实员工职业发展培养计划提供科学依据，从而从真正意义上满足员工需要，实现对员工的激励，改变员工激励现状。

经过内部职业定位与匹配，外部专业咨询与测评，员工与单位双方均能全面了解每一位员工的职业行为模式、内在发展需要、日常职业风格以及职业发展意愿。立足于“方法科学、评判公正、结论客观”的原则，第三方专业咨询公司职业指导顾问形成的就受评员工职业培养为主要考量点的职业测评报告，能够客观反映员工对职业发展的需要与期望、个人职业发展优势和劣势，为制订和实施员工职业发展培养计划提供科学依据。

职业测评结果面谈是制订员工职业发展培养计划不可或缺的步骤，通过职业测评结果面谈，受评员工正式了解到自身优势与不足，看到个人未来在公司内发展升迁的路径图，了解到个人升迁或职位调整前应接受以及应增加的职业经历，从而完全确认和接纳单位提供的个人职业发展培养计划。

（五）实施职业发展培养计划

一旦员工清楚地了解到自己未来在单位的发展前途与发展路径，看到组织主要基于个人职业优势与存在的不足给出的职业发展培养计划，工作自信心与积极性必定会受到极大的鼓舞，将主动积极地响应计划，定期地跟进与反馈个人计划落实的进度与进步。

惠普公司助力员工职业发展

惠普公司以“不仅用你，而且培养你”著称。初到惠普，首先是“新员工培训”，这将帮助个人很快熟悉并适应新环境。通过这个培训，了解公司的文化，确立自己的发展目标，清楚业绩考核办法，让员工明白该如何规划自己的职业生涯。在这一阶段，课程主要是与工作紧密相关的技术类培训，比如编程、系统管理等。当员工通过公司内部招聘成为一线的经理，加入公司内部管理工作中来。这个阶段的课程主要包括沟通、谈判以及基本的管理培训。员工进入惠普，一般要经历 4 个自我成长的阶段。第一个阶段是自我约束阶段，不做不该做的事，强化职业道德；然后进入第二个阶段，自我管理阶段，做好应该做的事——本职工作，加强专业技能；接着进入第三个阶段，自我激励，不仅做好自己的工作，而且要思考如何为团队做出更大的贡献，思考的立足点需要从自己转移到整个团队；最后是第四个阶段，自我学习阶段，学海无涯，随时随地都能找到学习的机会。

首先，安排参加外部学习与培训。根据计划，员工职业发展的目标明确，而计划所列的每一项培训都是为员工的进一步发展做准备，安排以员工发展计划为导向的外部培训课程，如英语语言能力培训、管理技巧与能力培训，正是应未来职业提升或调整（工作丰富化）新能力的需要，有效解决员工职业发展中的某项能力不足的问题。这样循环往复的“学习提升”的闭环结构，能够使员工不断地从培训中得到激励，更明确自己的发展定位。单位通过按计划安排对员工的专项外训项目，能够有效地为员工提供扬长避短的工具和方法，协助其朝职业发展方向发展。

其次，提供业务交流与沟通机会。根据下一阶段职业发展目标，员工需要超越管理与沟通的文化障碍，同时拓宽人才的战略视野。有针对性地多安排员工的业务出差，作为内部专项训练。这个过程不仅能增加员工对业务模式与技术知识的学习，还能为具体能力的实践创造条件，员工不仅能够感受到全新的管理理念和管理视野对自己的冲击，还将极大地激励个人对未来职业发展的追求，加深对组织的凝聚力与忠诚度。

最后，跟进与反馈计划落实的效果。每一项计划的实施未必完好地与预期一致，及时跟进员工职业发展计划的落实进度，分阶段与员工展开对话，了解员工的反馈与转变，是对员工职业发展激励落到实处的体现，因此，人事部门、员工及其上级领导之间的即时互动能够为员工职业发展培养计划的落实提供保障。

三、晋升激励与培训激励

（一）晋升激励

晋升是指员工由较低层级职位上升到较高层级职位的过程。众所周知，劳动分工是提高效率的手段之一，于是在组织内部就按照专业划分为许多职系，这些职系又被分为许多职位，这些职位形成层级系列，于是就有了晋升的条件。单位需要评价员工，看其是否能晋升到高一层级的职位上去。晋升激励就是企业领导将员工从低一级的职位提升到新的更高的职务，同时赋予其与新职务一致的责、权、利的过程。晋升是企业一种重要的激励措施，企业职务晋升制度有两大功能，一是选拔优秀人才，二是激励现有员工的工作积极性。企业从内部提拔优秀的员工到更高、更重要的岗位上，对员工或对企业发展都有重要意义。

1. 合理的晋升依据。一个组织需要制定一个合理的晋升依据，包含员工的资历、能力和素质等方面进行全面的整体衡量。规章制度的建立是管理有序的开始，每一个员工都可以根据自身条件和发展需要，对照既定标准和要求，保证其公平性的同时，通过个人努力和组织培养，充分调动员工的工作积极性，让单位的晋升发挥积极作用。

2. 多重晋升路径。单位或行业可以采用双重职业生涯路径的方式，为员工提供晋升空间。双重职业生涯路径就是两条平行的发展路径。比如，管理人员按照管理职业生涯路径晋升，技术人员按照技术职业生涯路径发展。员工按照自身特点选择发展方向和职业路径。

下面以公务员群体为例，谈一谈晋升激励的实际情况。自 2006 年 1 月 1 日，我国颁布施行《中华人民共和国公务员法》和 2008 年 12 月 8 日颁布《公务员职务任免与职务升降规定》以来，我国公务员队伍建设和公务员制度有了强有力法律保障，晋升激励机制正在不断发展和完善。随着我国经济社会和政府内部建设不断发展，特别是政府新职能的创新，我国公务员晋升激励机制对公务员的激励作用在实际运作中还存在很多问题，特别是诸如工作积极性不够、效率低下、不作为无作为等现象普遍存在。因此，完善我国公务员晋升激励机制，使其发挥激发广大公务员的工作积极性、主动性的作用，提拔和建立高素质的公务员队伍是十分必要的。2015 年 1 月 15 日下发《关于县以下机关建立公务员职务与职级并行制度的意见》以及 2016 年 7 月颁布的《专业技术类公务员管理规定（试行）》和《行政执法类公务员管理规定（试行）》，进一步探索公务员的职业发展路径，以完善他们的晋升渠道，明确不同职位公务员的职业发展路径。进一步通过完善公务员晋升激励机制，发挥晋升机制的激励作用，调动广大公务员的积极性、主动性和工作热情，更好地发挥其为国家为人民服务的作用，进一步深入推进政府改革创新和行政体制改革，增强政府公信力和权威性。

（二）培训激励

从组织行为学上讲，激励指通过刺激激发人的动机，增强人的内在动力，促使个体有效地达到目标的心理过程，即通常所说的调动人的积极性。从培训这个范畴上讲，激励则是通过刺激激发受训者的学习冲动和学习欲望而采取行为的一种手段。除了岗位轮换、交流锻炼和自我学习提高以外，组织上安排的系统的培训是员工职业发展的重要渠道。

首先，如今知识更新的速度不断加快，使得员工知识结构不合理和知识老化现象日益突出。员工只有将树立新理念、学习新知识、掌握新技术和培育新能力贯穿于成长的始终，才不至于被时代淘汰。组织应将员工的职业发展看成是自己的职责，将培训贯穿于员工整个职业生涯，不断开发员工的潜能，使他们及时掌握先进的知识与技术，提高能力和素质，与组织同步发展，才能实现员工的人力资本的保值、增值以及为其将来更好的发展提供机会和条件，也才能使员工具备终身就业的能力。

其次，随着胜任力研究的深入，很多单位或行业不仅在人才能力考评方面找到了关键依据，更重要的是一旦通过构建合理的胜任特征模型指标体系，在单位或行业领域中就能够发现当前的员工能力素质水平与优秀者的差距，以及需要弥补的地方。从这个意义上，组织就很容易通过全面系统，兼顾个性化的培训教育，不断提升员工的知识水平和能力水平。尤其对于注重个性的自由发挥和实现自己人生价值的新一代员工来说，单纯的经济激励未必见效。他们更看重的是企业能否给自己提供发展的机会。发展需要培训，培训促进发展。培训与发展的互动作用就是激励。升级升职、阶梯式的培训设计都能使工作富有挑战性，使员工个人发展空间具有延展性。以此激发员工的培训积极性，将会达到意想不到的效果。

华为公司的员工职业发展激励

（一）建立内部岗位调度制度。为优秀的员工内部流动创造条件，为员工在公司内部的生涯发展提供职业发展通道；通过持续不断地努力，使公司的人力资源配置永远处于激活状态。对任职资格达标，在现岗位业绩显著且希望调岗位的员工，公司可以在拥有职位空缺的前提下，提供内部岗位调动机会，但任何时候任何干部均不得擅自对员工给予岗位调动承诺。

（二）建立主管与员工的职业生涯规划沟通制度。主管每年与员工就个人在公司内部的职业发展进行双向交流。

（三）推行任职资格认证。任职资格认证的目的是鼓励员工“干一行，爱一行”，在个人所从事的领域成为专家。公司提供同一职位的人同专业水平阶梯，并辅之以薪酬政策，实现员工个人职业生涯规划的另一种突破——除了向管理层方向发展之外，还可以选择专业技术领域的深入发展。

（四）职业生涯规划不仅适用于核心业务部门员工，同样，对行政后勤服务员工，也可以考虑通过岗位技能等级制度评定的方式来实现对员工的职业发展规划。让员工感到不仅仅可以在公司打工挣钱，养家糊口，而且还能看到个人发展的空间。除了挣钱之外还会感到有奔头，有发展。我们鼓励勤勤恳恳、踏踏实实工作的基层员工，建立基层的行政后勤员工岗位技能等级制度，鼓励员工通过技能与岗位等级的不断提升来实现在公司的发展。

CHAPTER 11

第十一章

关爱激励

关爱激励就是对员工进行关怀和爱护来激发其积极性、创造性的激励方法。它属于情感方面的内容，一个组织中领导者注入关心、爱护等情感因素，投入感情、尊重员工、保持宽容就能获得组织的高绩效。美国的托马斯·彼得斯和南希·奥斯丁在《领导艺术》一书中说："我们认为伟大的领导者的特殊之处，是每个领导者都鼓励人性，并将人性的实质遍布到整个组织中去。每个领导者创建'人人愿意去的地方''人人愿意待的地方'，能随时表达出献身精神、奔放的热情和对人的体贴关心而无所顾忌。那就是他们与众不同之处。"

第一节　投入感情

一、赞出好员工

在日常工作和生活中，人们都需要他人的赞赏和鼓励，因为人们能从他人的赞赏和鼓励之中，感受到乐趣和温馨，同时也能增添自信心。心理学家认为，使一个人发挥最大能力的方法就是赞赏和鼓励。在生活中，大多数人想被承认他们的价值和社会地位，希望别人欣赏和称赞自己。美国一位哲学家曾说过："人类天性中都有做个重要人物的欲望。"所以，有没有获得称赞，以及获得称赞的程度，便成了衡量一个社会价值的标尺，要达到的高度和希望取得的成就决定着自己的价值观。

南风法则

在管理定律中有一个著名的"南风法则"值得我们借鉴。"南风法则"是法国著名寓言作家拉封丹的一则寓言故事：北风和南风一个是"凉"，一个是"热"。有一天北风对南风说："我们比一比威力，看谁的力量大，能把行人身上的大衣吹掉。"南风想了想说："行。"就这样，南风和北风开始了一番较量。北风用尽所有的力气向行人吹去，北风力量越大温度越低，吹得行人寒冷刺骨，行人为了抵御北风的侵袭，保持身体的温度，便把身上的大衣紧紧地裹住。如此一来，北风吹得力量越大，行人把大衣裹得越紧。南风没有像北风那样，而是徐徐地向行人吹拂，这时，温度缓缓上升，顿时风和日丽，温暖如春，鲜花盛开，行人逐渐地感觉到身上的温暖。不一会儿，行人开始脱掉身上的大衣来感受大自然的恩赐，释放自己对大自然的情感，拥抱大自然的美丽。最终，南风不但使行人脱掉了身上的大衣，获得了胜利，而且他又给人们带来了欢乐。这里的"北风"就好比管理中领导者的权力，而"南风"就好比管理中领导者的关怀和鼓励。

（一）领导的赞扬是下属最需要的奖赏

员工工作是为了更好地生存和发展，这就有金钱和职位等方面的愿望，但除此之外，员工更加追求个人荣誉。一份民意测验结果表明，89%的人希望自己的上级给自己以好的评价，只有 2% 的人认为上级的赞扬无所谓。当被问及为什么工作时，92% 的人选择了个人发展的需要。而人发展的需要量是全面的，不仅包括物质利益方面，还包括名誉、地位等精神方面。在组织中，大部分员工都能兢兢业业地完成本职工作，每个人都非常在乎领导者的评价，而领导者的赞扬是下属最需要的奖赏。

首先，可以使下属认识到自己在群体中的价值。在很多单位里，员工的工资和收入都是相对稳定的，他们不必要在这方面花费很多心思。但是，他们都很在乎自己在领导者心目中的形象问题，领导者对自己的看法和一言一行都非常细心、非常敏锐。领导者的表扬往往非常具有权威性，是确立自己在本单位同事中的价值和位置的依据。

其次，可以满足下属的荣誉感和成就感，使其在精神上受到鼓励。常言道：重赏之下必有勇夫，这是一种物质的低层的激励下属的方法。物质激励有很大的局限性。领导者的赞扬表现了领导者对下属工作的认可，这对于下属来说是一种精神鼓舞。

最后，能够清除领导者与下属之间的隔阂，有利于上下团结。有些下属长期受领导者的忽视，领导者不批评他也不表扬他，时间长了，下属心里肯定会嘀咕：领导怎么从不表扬我，是对我有偏见还是妒忌我的成就？于是，与领导者相处不冷不热，注意保持距离，没有什么友谊和感情可言，最终形成隔阂。领导者的赞扬不仅表明了领导者对下属的肯定和赏识，还表明领导者很关注下属的事情，对他的一言一行都很关心，这有利于消除误会和隔阂，促进和谐氛围。

美国西南航空公司从成立之初就形成了浓厚的赞赏和庆祝文化。创始人赫伯・凯勒尔非常重视对员工工作的认可和鼓励，他每年亲笔签发给员工的感谢信多达上万封，同时还经常出其不意地邀请优秀员工与自己进餐。西南航空认为，庆祝实际上是人的一种本性和需要，赞赏可以提升人性，鼓舞精神所需要的生命力和活力，同时还能舒缓紧张情绪，帮助员工建立自信。因此，西南航空不放过任何一个对员工的工作努力和所取得的成就加以庆祝的机会，赫伯·凯勒尔本人也积极出席各种员工庆祝大会，甚至会以猫王、巴顿将军、骑士的扮相出场，与员工同乐。

（二）放下“架子”来称赞

有人问苏格拉底：“我有一个问题要请教你，请你告诉我，天与地的距离究竟有多少？”苏格拉底迟疑了片刻回答道：“大概是三尺吧。”这个人立刻说道：“你是个大哲学家，这样的回答也太傲慢了。”苏格拉底回答道：“不是傲慢，这是真理。”这个人又接着说：“我们每个人都有四五尺高，按照你的说法，那人还不把天戳出几个窟窿？”苏格拉底微微地一笑说：“所以，一个人高度凡是超过三尺，要能够长久地立足于天地之间，就要懂得低头哇。”它告诉领导者一个道理，就是要放下架子，以谦逊的姿态对待下属。

首先，放下“架子”是领导者称赞下属的前提条件。其次，放下“架子”称赞下属可以用谦虚、虔诚的姿态来表现。再次，领导放下“架子”，还可以把自己置于次要的位置，突出自己的下属，表达自己对下属的赞美之情。平易近人是“架子”的克星，也是下属希望领导者具有的一种素质。最后，放下“架子”称赞下属，还体现在对下属的体贴、关怀中。

荀彧离开袁绍投奔曹操，曹操和他谈话后称赞他，“此吾之子房也”，马上任命他为行军司马。曹操称赞典韦，“此古之恶来也”，当下任命他为帐前都尉。赵云以“空营计”大胜魏军，刘备赞扬他，“子龙一身都是胆也”，并且赐给他一个称号——“虎威将军”。周泰在濡须一战，三番冲杀救了孙权性命，战斗结束后，孙权专门设宴款待他，并亲自把盏，抚着周泰的脊背，泪流满面地说了一些赞扬和抚慰的话，然后又叫周泰解开衣服，让众将看“遍身伤痕”。宴会结束后，孙权“以青罗伞赐之，令出入张盖，以为显耀”。这些放下身段去赏识、赞扬下属，实际上是对一个人功劳、成就的肯定和认同，可以使一个人继续保持已有的积极行为。

（三）称赞下属要言之有据

领导者对下属的称赞是对其工作的肯定和认可，对于激励下属、树立领导威信具有不可替代的重要意义，是调节上下级关系的“润滑剂”。但是，不是所有下属的行为出现后，领导者都要称赞一番。首先，领导者要明辨是非，善别良莠，将自己的称赞建立在事实根据的基础上。这样“铁证”如山，大家才能心服口服，自觉效仿，使上下级之间保持和谐、团结。

对于一位领导者来说，要做到切实以事实为依据，以功行赏，首先必须掌握公正这一原则。其次，领导要掌握“躬”“恒”“明”的原则。“躬”就是要对所称赞的事情要亲眼所见、亲耳所闻，是切切实实的调查所得；“恒”就是要对下属的工作和成绩进行持久的考察，使自己的评价经得住时间的考验，而不能被一叶蔽目，更不可凭一时所见妄发称赞；“明”就是要对每一位下属的优缺点了如指掌，正确给每个人定位，以功行赏。

（四）领导赞扬下属要公正

有一句谚语说，一碗水端平。领导者赞扬下属实际上也是把奖赏给予下属，也是一种分蛋糕的事，这就要求公正。要做到公正地赞扬下属，领导者必须妥善处理好下面几种情况的问题。

1. 称赞有缺点的下属要公正

一般而言，一个组织中下属的能力素质水平参差不齐。有的下属缺点明显，比如工作能力差、与同事不和、冲撞权威等，这些缺点一般都受领导者的厌恶，领导者对这样的人也容易产生一叶蔽目的错误，看不到他们的成绩和进步，或者认为成绩和进步可以与缺点抵消，不值得称赞。领导者的冷淡和无视则使这些人失去了动力和力量，无助于问题的解决。事实上，有缺点的人更需要称赞。称赞是一种力量，它可以促进下属弥补不足、改正错误。

2. 称赞比自己强的下属要公正

一个组织中成员能力突出的不乏其人，许多单位里也存在“功高盖主”的下属，一些下属在某些方面也超过领导。领导者应该避免小肚鸡肠，包容并准确评价这些能力水平比自己强的员工。对这些强人或超过自己长处的人不敢表扬，这也有失公正。

3. 对自己喜欢的下属，称赞时要把握好分寸

领导者喜欢某个下属无可非议，但是要一视同仁，公平对待，该表扬的表扬、该批评的批评，不能搞差别待遇。一般来说，对自己喜欢的下属可以做私下的朋友，相互帮助，相互促进。但是，领导者要处理好感情与工作的关系，在工作上仍然必须公平对待下属。

二、从心底关怀下属

领导者贴近下属、关心下属，走群众路线，既体现了自己的人格魅力，同时也是明智的情感投资。成吉思汗在选择将领时有着独到的判断和标准，他不仅要考虑部下在战场上的勇敢程度和统御能力，而且还要重点了解提拔的将领是否有足够的耐心和对下属的爱心。他认为没有耐心和爱心的将领和有勇无谋的人是不能统率军队的。有一次，成吉思汗没有提拔他的一员猛将——速下台。这是为什么呢？成吉思汗是这样说的，没有谁比速下台更勇敢，没有人比他更有天分，即使在最漫长的征战中也不能让他感到劳累和饥渴，所以，他也认为自己的军官和士兵和自己一样，这就是为什么他不能担任重要职务的原因。一个将领应该考虑到队伍的需要，体察部下的疾苦，他应该充分掌握士兵和马匹的体能。如果一个将领不能体察部下的疾苦，他们是不会为你拼命杀敌的。

（一）关怀下属等于关怀组织的未来

贴近下属、关心下属在很大意义上就是贴近组织的未来。虽然领导者的谋略至关重要，但要使谋略转化成生产力，就离不开下属默默无闻的细致工作。下属是工作成绩的真正创造者，尽管领导者可用高压手段迫使下属去服从、去工作，但很可能会激起下属的逆反心理，从而进行消极怠工或暗中抵制，以致降低工作效率，影响工作目标的实现。

相反，如果领导者能贴近下属的内心世界，真诚地关心下属，把下属的苦恼和难处放在心上，并为其排忧解难，下属会对领导者感恩图报，以最大的热情投身工作，竭尽全力为组织创造价值，即使再累再苦，也心甘情愿无怨无悔。因为他们感受到了来自领导者的尊重与关怀，这是他们最大的精神动力。因此，领导者对下属的关心对于工作效率提高，对于组织竞争力的增强有着深远的意义。在革命战争年代，关心爱护干部是毛泽东重要的工作方法，特别是毛泽东对在前线作战指挥员更是关怀备至。《毛泽东传》中记载了这样一封信，是 1948 年 11 月 29 日由毛泽东、刘少奇、朱德、周恩来、任弼时写给正在患病的徐向前的，充分体现了毛泽东等老一辈革命家对干部的关怀与爱护。信中这样写道："闻病极念，务望安心静养，不要挂念工作。前沿指挥可由周、胡、陈担负，你病情略好，能够走动即来中央休养，待痊愈后再上前线。总之，治疗和休养是第一等重要，病好一切好办。"在解放战争胜利前夕，毛泽东能够在日理万机的情况下挂念下属，这就是毛泽东领导艺术的魅力所在，也是他能够"运筹帷幄""决胜千里"的根本所在。

（二）关怀要源自心底

领导者对下属的关心之情应该是发自内心的，这是领导者人格魅力的集中体现。不可否认，良好的上下级关系对于领导者建立自己的人际圈子，树立良好的社会声望，对于“借下属之口，收己之惠”的个人形象宣传以及促进个人发展等方面都提供了契机；同时，对于稳固已有的领导地位，避免“问题下属”因心怀不满而反戈一击，避免堡垒从内部攻破等方面都有着积极的防御作用。吴起是魏国的一员大将，他在魏国的27年里先后与各诸侯国大战76次，其中全胜54次，其余22次则胜负难分，可以说没有失败的记录。有一次，魏武侯问吴起：“你带兵打仗靠什么来取得胜利？”吴起说道：“靠的是爱兵如子，只有这样，他们才能不惧危险，不怕牺牲，勇往直前，什么样的敌人都无法抵挡。”魏武侯又问：“严刑明赏，难道还不能取得胜利吗？”吴起答道：“赏罚严明固然很重要，但不能全靠它。发号施令人们乐于听从；出兵打仗人们乐于参战；冲锋陷阵人们乐于效死。这三点才是君主应该依靠的。”能做到这三点“乐于”，靠的就是“视卒如爱子”的治军思想。

刘备的情感激励

“刘备的天下是哭出来的。”历数三国人物，刘备大概是多情善哭的第一人了。他不仅在百姓面前哭得出来，更多的是在自己的文臣武将面前掉泪。他与赵云初次见面分手时，便“执手垂泪，不忍相离”，相爱之情，何其真挚？为请诸葛亮出山，他竟哭得“泪沾袍袖，衣襟尽湿”，敬慕之心，何其诚恳？徐庶要走，他送了又送，哭了又哭，令人读之心酸。关羽被害，他竟“一日哭绝三五次，三日水浆不进，只是痛哭”，以致“泪湿衣襟，斑斑成血”。今人实难想象，刘备何以如此能哭？刘备自己表白：“曹以急，吾以宽；操以暴，吾以仁；操以谲，吾以忠；每与曹相反，事乃可成。”为了树立自己这个感人的形象，刘备是丝毫不吝惜自己的眼泪的。诸葛亮在隆中决策中提出：“北让曹操占天时，南让孙权占地利，将军可占人和。”

刘备正是凭着“感情投资”等手段，赢得了“人和”这个战略优势，靠“人和”这个战略优势，与曹操、孙权争分天下。

但是，一些领导者却从自身最直接的利益出发，为了达到个人的某些目的而与下属“套近乎”，可能他们看准了下属手中握有的选票，对下属一改往日的颐指气使，变得亲热和靠近，施以“关心和帮助”。这种带有严重功利色彩的“关心”因为没有坚实而厚重的人格魅力支撑，注定只能是昙花一现。因此，即便是关心下属，作为领导者也要先树立领导风范，要有一颗正直、友善、诚恳之心，“关心”是来自心灵的期待，是做人的风格；即便是“有所求”，也是站在为大局谋福利、为组织谋发展的大公无私的立场上。领导者需要能够顺应自己的性情和品格去做一件事，并全心全意地去做，这种发自内心的对自己的满意程度体现的是一种责任和情怀。

（三）“拉一把”，而不“推下去”

面对下属的困境，领导者应该“拉一把”而不是“推下去”。领导者对下属的关爱之情体现在点滴的工作与生活当中，更体现在关键时刻不遗余力地“拉一把”，这样能够赢得下属的追随和忠诚，更能够展现领导者的风度与魅力。美国一个毕业于斯坦福大学的年轻人，一直想找一个既可以赚大钱，又不耽误他白天打高尔夫球的工作。当硅谷一家计算机系统集成公司了解到他的才华和能力以后，决定满足他的要求。于是，此人白天打高尔夫球，晚上工作，而且工作质量和效率很高。该公司和这个年轻人都感到很满意，到现在也没有离开公司。

“拉一把”是下属前进的力量。下属在遭遇工作或生活困境的时候，难免情绪低落，或者感觉孤立无援而茫然不知所措，甚至可能自暴自弃，从此一蹶不振。作为领导者，要真诚地拉下属一把。领导者若以自身的过人之处帮下属渡过难关，使其走出人生的低谷，无疑显得特别的难能可贵，这种豁达与善良会让下属滋生由衷的感激，也能给予其振作的力量，更会激发下属工作的潜能与热情，改善工作绩效，不断进步。反之，如果领导者对下属的困难无动于衷，“事不关己，高高挂起”，那么缺乏助人意识的领导者必然失去追随者，也显示出某些性格缺陷和狭隘之心。“拉一把”应不求回报。领导者对下属关键之时“拉一把”要体现出纯粹与无私，是源于心底的真诚关怀，不带任何目的，也不是人情之下的等量交换。个别领导者在给下属提供帮助时不免要做出“盘估”，并在下属脱困之后，有意无意地盯着下属的反应，看其是否有“投桃报李”之举；或者，不时地向该下属或其他职员“重提旧事”，以引起该下属做出“表示”，否则，就视之为“无情无义”。如此种种，都不应是一位光明磊落的领导者所为。这种怀有私心、渴望回报的“帮助”会给下属带来沉重的心理压力，也会使其不敢接受领导者的“拉一把”，以致上下级关系貌合神离，影响工作的进展。

美国麦考密克公司就曾经利用出色的酬劳制度，挽救了临于破产的公司。公司创始人 W. 麦考密克是一名性格豪放、江湖气十足的经营者，但逐渐落后于时代，公司搞得十分不景气，以致陷入裁员减薪的困境。正在这时，他得病暴死，公司经理一职由他的外甥 C. 麦考密克继任。新经理一上任即向全体员工宣布截然相反的措施：“自本月起，薪水增加 10%，工作时间适当缩短。本公司生死存亡的重任落在诸位的肩上，我希望大家同舟共济，协力渡过难关。”原先要减薪一成，如今反而提薪一成，劳动时间还要缩短，员工们顿时呆住了，几乎不相信自己的耳朵。后来，面面相觑的员工转而对 C. 麦考密克新政表示由衷感谢，因而士气大振，全公司上下一致，一年内就扭亏为盈。在麦考密克公司面临危难之际，两任经理采取了截然相反的激励措施：减薪，加大员工的危机感，使之背水一战，是激励；加薪，振奋员工精神，使其得到温暖，也是激励。而事实证明，C. 麦考密克别具一格的酬劳机制是完全正确的。

因此，关键时刻真心诚意地“拉一把”而不“推下去”，体现了领导者的胸怀与人格魅力。作为“被拉者”，应懂得感恩，以德报德，在勤奋踏实做好分内工作的同时，在对领导者保持尊敬与感激之余，更应该学习其高尚的思想和行为，完善自己的个性品质，让自己也能拥有一颗真心诚意的助人为乐之心。这对于构建社会的真正和谐有着深远的意义。

但是，我们也要看到，当前各个领域的管理活动中，重视规章制度建设，轻视情感激励的弊端比较突出。不少领导者成天忙于开会，制定各种形式的规章制度，以至于乐此不疲而眼中无人。更有甚者，少数领导者拒绝与广大员工接触，不深入实际去了解他们的问题和需要，把自己和员工隔离开来，企图依靠手中的权力和各种限制性措施，达到压服员工的目的。显然，这种“钦差大臣式”的管理，是很难有什么高效率、高积极性的。邓小平同志曾经明确指出，“所谓管理得好，主要是做好人的工作”。衡量领导者工作好坏的标准，主要不是看开了几个会，制定了多少文件和制度，而是“要特别注意调动员工的积极性”。在管理活动中，实施情感激励，需要领导者做许多踏踏实实的具体工作，要把员工的生活福利和需要时刻放在心上，及时了解他们在各个方面的情况，并努力创造条件加以解决。

第二节 尊重员工

在长期的革命和建设实践中，毛泽东对属下充分尊重，形成了领导者与被领导者之间、上级与下级之间的和谐关系。他曾经把领导下级形象地比喻为“当班长”。他在《党委会的工作方法》一文中指出，党的委员会有一二十个人，像军队的一个班，书记好比是“班长”。为此他认为，要当好这个“班长”，就应该充分尊重“班员”。

一、换位思考

换位思考就是要求管理行为人（领导者或下属）能够站在对方的角度考虑问题，从而更好地增进彼此间的了解，有效地规避因信息不充分造成的管理定位风险。在现代管理活动中经常存在这样和那样的冲突和矛盾，比如经营者与管理者之间冲突、员工与管理者之间的冲突、部门之间的冲突、分公司与总公司之间的冲突。许多领导者常会被这些冲突所困扰。其实，冲突在组织中是最常见的事，有冲突在组织中不一定都是坏事，发生冲突可以暴露组织管理过程中存在的问题。一个组织就像是一个大家庭，在组织内所有人工作奋斗的总目标应该是一致的，而且在一个系统中强调的是整体运行，某个子系统不能正常运行则整个系统会受影响，因此加强工作中的相互联系，搞好业务上的相互沟通，协调好组织内部横向和纵向的关系是一切组织管理必须做好的工作。组织中每个人虽然分工不同，但是每个人的工作都可以不同程度地影响全局，所以每个人都应从整体、全局的高度出发，认识到别人的工作与自己的工作同样都重要，才会关心别人，才会理智地进行换位思考，解决好工作中发生的矛盾与冲突。

领导者要把自己放在员工的位置，问问自己：“希望领导者是什么样的人？”从中找出成功领导者所需要的能力，并身体力行。官渡之战结束后，曹操从袁绍的图书案卷中拣出一束书信，都是许都和曹军中暗通袁绍的书信，有人建议：“可逐一点对姓名，收而杀之。”如果曹操照此办理，则人人自危，曹操的阵营顷刻便可能瓦解。聪明的曹操非但没有严肃追查，反而解释道：“当绍之强，孤亦不能自保，况他人乎？”遂令把密信付之一炬。这一英明处理，必然使许多人吊着的心顿时踏实，从此心怀惭疚，感恩戴德，更加忠诚地追随曹操。

首先，员工需要感受到真诚。员工希望领导者展示他们的一些个性特质。优秀的领导者要技巧地展现自己的个性特质，让员工了解你。全球传播巨头、奥美广告的母公司 WPP 集团的 CEO 马丁·索瑞尔就是一个例子。WPP 的员工大都是富有创造力的，这些员工比较难管理。索瑞尔是一个精力充沛、有决断力、聪敏的人，他比较善于运用个人特质来领导。他的员工知道，可以随时和他联系；发给他的邮件，他都会及时回复；员工还知道，如果接受到索瑞尔的邀请，他们有可能被问到一些尖锐的问题。员工也从索瑞尔的这些特质中感受到，WPP 是一个富有创造力的组织。

其次，员工需要感到被重视。领导者应该经常鼓励员工，让他们觉得他们的任务和在工作上取得成绩都很重要。员工在工作上取得成绩后，希望得到鼓励。但是事实上，他们很少受到称赞。为什么会这样？有的领导者似乎太忙了，没有时间去鼓励员工；有的领导者喜欢等到做年终总结时，才发表意见；有的领导者不喜欢给予个人的反馈。但是富有成效的领导者会想方设法冲破这些阻碍。比如杰克·韦尔奇经常会写一些便条，感谢某位员工工作出色，称赞员工取得的成绩。

再次，员工需要激励。领导者应该激励员工追求更优的绩效，而不仅仅是把事情做完，或是重复做昨天的工作。领导者通过个人魅力、营造距离感来激励员工。一些最优秀的领导者，有着一种高深莫测的气质，这就是他们控制人际距离的结果。另外，领导者饱含激情地向员工描述未来美好的个人价值和愿景，也可以鼓舞人心。

最后，员工希望成为团队的一分子。他们有很强的归属感，不只希望和领导者沟通，还希望和团队中的其他人沟通。领导者应该营造这种归属感，成为团队的建设者，促进员工之间互相联系。

二、增进沟通

良好的沟通可以促进信任。信任通常分成三类：基于威慑的信任，基于经验的信任，基于鉴定的信任。组织内部的信任多是基于经验的信任。提高信任度，无论对组织还是领导者而言，一个很重要的方法，就是加强内部的沟通和交流。"要做到完善的沟通，首先需要分析影响信任的主要原因"。当前，组织和员工的雇用关系发生了很大的变化，过去讲求的是长期承诺，可是现在很多情况下不但员工对组织的忠诚度不够，组织对员工的忠诚度也不够。譬如在雇用政策方面，一个企业为了自己用工有弹性，普遍缩短了跟员工签订的合同期，并且对员工离职的补偿也比过去减少了很多。一个良好的、连续性的制度和环境，其中公正、公平、合理和透明显得尤为重要。

"诚实"的文化有助于信任的建立和维护。因为它是雇用关系的基础，员工都希望能够信任组织和领导者，尤其是与自己职业生涯发展相关的问题上。每个组织都希望能够留住人才，而领导者最重要的任务之一，就是让员工知道，组织很重视他们。如果员工了解自己的价值、了解自己的工作对组织的贡献，并能够被公平对待，通常就会愿意留在团队中。但如果领导者平时都不给回馈，直到得知员工有别的工作机会，才恍然大悟说："啊，你非常重要！"员工会觉得这个领导者缺乏诚信，就算他暂时留下来了，也无法长久。因此，领导者可以多与下属交流谈心。领导者与下属保持良好的关系，对于调动下属的热情，激励他们为组织积极工作有着特别的作用。而建立这种良好的上下级关系的前提，也是最重要的一点，就是有效的沟通。

三、学会分享

信息就是力量。建立信任关系的一个最佳方法就是分享信息。分享信息有时意味着公布一些被认为是机密的信息，包括敏感和重要的话题，如竞争者的行动，未来的商业计划和策略，财务数据，行业问题，竞争者的标杆行为，团队行动对组织目标的贡献，以及绩效反馈。给下属更多的信息，意味着向下属传递信任的感觉。这样能够帮助下属从更宽的角度看待组织以及内部各种群体、资源和目标的相互关系。

从下属的角度来看，只是想知道自己是否在为一个好人工作，这个人是否值得信任。而大多数领导者都很忙碌。也正是因为他们每天忙于处理许多重要的事，所以无法与下属进行个人层面的沟通或鼓励。这就容易造成下属与领导者之间的距离，逐渐地，这种工作关系就会使下属的工作意愿降低。

当下属能理解到领导者内心的想法时，他们会变得更加积极，会倾其所能做到最好，他们的工作意愿也会不同。领导者拉近与下属的距离，可以提高下属的工作意愿。当下属真正了解领导者的价值观和意图时，下属对组织和领导者个人的认可度，无论是情感上的，还是理性的，都大大提高。高效领导者拥有清晰的、可传授的领导力观念，并愿意向一起工作的下属个人传授自己的领导力观念。领导者愿意分享自己的情感世界，愿意去分享自己的价值观，才真正拉近了和下属的距离。下属都希望了解他们的价值观，希望了解哪些因素是他们的动力以及他们行事的动机所在。

但是，一些领导者依然对分享感到局促不安。领导者与下属建立信任关系以后，下属将在艰难的时期支持领导者，容忍领导者的过错，集中精力关注共同的工作和一起努力实现的目标，而不需要再花时间去了解其他人的想法，也不用花时间搞什么人际关系。当领导者分享自己的领导力观念之后，下属会做出他们一直想做的一些重要的事情，或者是他们在领导他们时一直渴望做的事。但是，大多数人并不关注组织内的信任问题，直到信任关系破裂，他们才会引起重视。在不信任的环境下，下属不愿意讲事实，也不愿意分享信息，领导者制订让人费解的目标，管理层失去功效，下属喜好在背后议论别人等。此时，最要紧的是重建信任，必须从最高层的那几个关键人物开始做起，花费额外精力，以身作则，即使是一个微小的承诺也必须严格遵守，从而重新建立起已经破裂的信任关系。

第三节 保持宽容

胸怀宽广会让人甘心效力。宽容是一种领导艺术，也是激励员工的一种有效方式。领导者的宽容品质不仅能使员工感到亲切、温暖和友好，获得安全感，更能化为启动员工积极性的钥匙，激励员工自省、自律、自强，让他们在感动之中心甘情愿地为组织效力。

一、做一名大度的领导者

宽容即是大度，进行宽容激励，就应该做一名大度的领导者。曹操与张绣曾数次交战，曹操的长子曹昂，侄子曹安民，特别是大将典韦，都死于曹、张两人的一次战斗中。应该说两人结怨甚深。后来，经贾诩劝导，张绣去投曹操，曹操不但不计前嫌，反而热诚欢迎，握手言欢，还拜张绣为扬武将军，充分表现了他宽广的政治家胸怀。张绣后来果然为曹操立下大功。

（一）“大”是领导者的胸怀

“大”，即大才要容其小过，也就是我们今天所说的宽容。宽容是化解仇恨的最佳选择，是领导者的大智慧。林肯是美国最伟大的总统，他曾经以宽容的心感化了他的政敌斯坦顿，在历史上写下了不可磨灭的篇章。

林肯在参选美国总统时，他的政敌斯坦顿面临民意不断攀升的林肯，想尽一切办法去攻击他。除了在选民面前侮辱他以外，还攻击林肯的外表，以降低他的威信。尽管如此，林肯还是如愿登上了总统宝座。林肯当上总统之后，需要进行组阁并任命一些高级官员，其中最重要的参谋总长人选成为议论的焦点。因为，林肯提名的参谋总长人选正是斯坦顿。当公布任命人选时，全国引起一片议论，成为街谈巷议的话题。一些支持林肯的选民百思不得其解，不相信这是真的，并给林肯写信说：“难道你忘了斯坦顿在大选时是如何诽谤、侮辱、攻击你的吗？特别是参谋总长是个关键岗位。他与你的政见不合，又怎么能够领导他呢？”林肯坦然地回答：“我认识斯坦顿，我也知道他对我的侮辱和诽谤，但是，为了美利坚合众国，斯坦顿最适合参谋总长的职位。”后来，确实如林肯所说的那样，斯坦顿出色地履行了他的职责。1864 年，林肯再度当选美国总统，他在简短的就职演说中说过一句名言：“对任何人不存恶意，对一切人心存宽容。”也正是他的宽容和大度，使美国从南北战争中走向了统一，实现了美国历史性大团结。

（二）把功劳给下属

从社会学意义上看，任何事情都是团体的成就（collective achievement）。当然这里的团体表示众多的人，而要区分出到底是哪些人，不同的事情不太一样，而且边界的模糊程度也不同，但这不妨碍成绩的团体性质。工作是大家共同做的，没有大家的共同努力，只凭领导班子几个人，就是再有本事，也干不了什么大事，正所谓“众人拾柴火焰高”“人心齐、泰山移”。

日本人的团队意识非常强，他们认为任何一项工作成果都是所有团队成员的功劳，不可能出现一个部门谁拿多谁拿少的情况，他们不会轻易放弃或抛弃任何一个团队成员。俗话说：“一人计短、二人计长、三人计全。”每一个人都在不同的生长环境、教育环境、工作环境中逐渐形成的与他人不同的人生观、价值观，对事物的不同理解，以及不同的处世方法。

比如，因发现胰岛素而共同摘得 1923 年诺贝尔生理学奖的弗雷德里克·班廷（Frederick Banting）和约翰·麦克劳德（John Macleod），就在获奖后各自抬高自己的贡献，班廷声称麦克劳德仅仅提供了实验室与器材，而没有对实验做出任何实质性帮助；而麦克劳德在演讲中谈及最初的灵感时，则根本就没提到班廷的名字。最终，两个人终止合作，不欢而散。

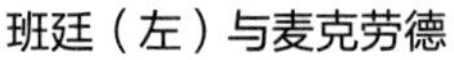

班廷（左）与麦克劳德

图片来源：Library & Archives Canada/U of Toronto

在芝加哥市科技馆里做过这样一个实验，研究者随机挑选了 339 名前来参观的游客，并将他们分成 3 人或 6 人小组来展开握力器比赛。在一分钟内平均握力最大的小组就是冠军，作为奖励，冠军小组中的每名成员都可以获得 20 美元的礼品券。在比赛结束后，每位选手还要对赛场中的表现进行评价，其中一部分人只需要评估自己对小组成绩的贡献，而另一部分人则要首先评估其他成员的贡献，之后再评估自己的贡献。最后，研究者将小组内所有成员自我宣称的贡献率加总，结果显示，绝大多数小组的总贡献率都突破了逻辑上线 100%。而且 6 人组（113.6%）得到的贡献率要显著高于 3 人组（104.0%），团体规模对夸大贡献的助推作用得到了证实。此外，如果小组成员只考虑自己贡献的话，那么他们所宣称的总贡献率（114.8%）便会高于那些首先考虑他人再考虑自己的小组（102.6%）。由此可见，在论功行赏时从自己身上分一些注意力给其他人，将会是一个削弱夸大贡献偏差的有效举措。

（三）与下属共同承担责任

俗话说，人无完人，金无足赤。每个人都免不了要犯错误，但是每个人对待错误的态度和方式方法却有着千差万别，而有着豁达的态度和包容的胸襟，能够以身作则，敢于承认错误、勇于承担责任的领导者，则是一个优秀的领导者所应该具备的素质和修养。

一个人有多重要，通常与他愿意担负的责任多少成正比。当一个领导者说："这是属下的错"的时候，这个领导者根本不愿意为员工负责任，相对的，当领导者犯错误，员工如果以事不关己高高挂起的态度来对待，那么他就无法对这件事情产生影响力；如果员工认为这属于自己的责任，那么他的心态就会完全不同，就会采取积极迅速的行为。因此，身为领导者的第一心态就是负责任。

对领导者来说，如果他能将"负责任"成为组织文化的一部分，让"负责任"成为一种共同语言，可以大大提高员工的工作积极性和工作满意度，不断提高工作效率。要成功地做到这一点，作为领导者必须身体力行以负责任的心态对待所有的事。比如，如果时常抱怨自己的员工不愿意去负责的时候，应该想一想自己应该负什么责任。

二、正确对待下属的抱怨与错误

（一）乐意听取并及时处理下属的抱怨

抱怨是一种正常的心理情绪，当员工认为他受到了不公正的待遇，就会产生抱怨情绪，这种情绪有助于缓解心中的不快。一般来说，员工的抱怨主要有两种：一是员工对服务对象的抱怨；二是员工对单位的抱怨。不论是哪种类型的抱怨，领导者大可不必对员工的抱怨产生恐慌，但一定要认真对待。抱怨并不可怕，可怕的是领导者没有体察到这种抱怨，或者对抱怨的反应迟缓，从而使抱怨的情绪蔓延下去，最终导致管理的更加混乱与矛盾的激化。

林肯制怒

一天，美国陆军部长斯坦顿来到林肯的办公室，气呼呼地告诉林肯，一位少将用侮辱的话指责他，而那位少将所说的并非有其事。林肯并没有安慰斯坦顿，而是建议斯坦顿写一封内容尖刻的信回敬那家伙。“必要的话你可以狠狠地骂他一顿”。林肯说。斯坦顿立刻写了一封措辞激烈的信，然后拿给林肯看。“对了，就这样”。林肯高声叫好，“要的就是这种效果！好好教训他一顿，真写绝了，斯坦顿”。当斯坦顿把信叠好装进信封里时，林肯叫住他，问道：“你想干什么？”斯坦顿有些摸不着头脑：“寄出去呀。”林肯大声说：“这些信不能发，快把它仍到炉子里去。凡是生气时写的信，我都是这么处理的。这封信写得好，写的时候你已经消了气，现在感觉好多了吧，那么就把它烧掉，如果还没有完全消气，就接着写第二封吧。”

实际上，员工对服务对象的抱怨，是揭示单位与服务对象之间真实问题的最佳途径。因为员工是直接面对服务对象的，单位服务流程的好坏、服务理念的对错、服务效率的高低、产品质量的好坏都会通过员工与服务对象的接触过程表现出来。可以说，直接面向服务对象的员工，每个人都是一面放大镜，会将许多微观的问题清晰地显现出来，放大开来。如果领导者能够倾听员工的这种抱怨，并及时地加以分析，就会发现单位的存在问题，并可以有针对性地加以改进。但是，许多领导者并不关注员工对服务对象的抱怨，甚至会认为是员工自身的服务精神不够。因此，一名优秀的领导者应该深入员工当中，把倾听员工对服务对象的抱怨作为一项重要的工作内容。

员工对单位的抱怨其实也是反映单位真实管理问题的一种途径。很多时候，作为决策层和领导层，是不会倾听员工对单位的抱怨的，甚至会通过各种途径来打压这种声音，当然这是最愚蠢的一种做法。因为员工的抱怨并不一定就是错的，很多时候，员工的抱怨正是单位管理矛盾最集中的地方，如果抓住几个员工最为关注的问题去落实解决，对单位的管理来说，可以起到事半功倍的效果。比如，工作流程、岗位职责、规章制度等方面的合理性都是引起抱怨的重要来源。因此，在民主、公开、公正的基础上制定规范的管理制度，同时对制定好的规范向所有员工公开，才能深入人心。

（二）不单纯以惩罚对待员工的错误

作为一名领导者，如果对犯错员工的处置不当，不仅可能无助于错误的纠正，而且可能造成更强烈的反弹和敌对情绪。对犯错员工的正确处理，不仅不会伤害到员工的士气，而且会有利于塑造“建立起责任心、是非观、拥护组织和团队价值理念”的好员工。

诸多管理实践证明，单纯的惩罚最多会带来被动的遵守，最多带来的是为了规避惩罚而减少再犯，而很少能够帮助员工建立起真正的责任意识、是非观念和敬业精神。甚至如果用不好的话，还会造成领导者和下属之间的敌对情绪，导致后续变换了表现形式而一犯再犯。英国行为学家莱曼・波特（Lyman W. Porter）提出的著名的管理学中的波特定律就告诉我们：不要只盯着下属的错误，当下属遭受领导者许多批评时，下属往往只记住开头的一些，其余的就听不进去了，因为他们忙于思索论据来反驳开头的批评。

美国一家炸薯条的制造工厂，就是因为没有认识到这种试图用惩罚代替改造的传统处分方式的弊端，总是以严厉的惩罚来对待犯错的员工，导致了员工和管理层的尖锐对立。为了报复公司，有工人偷偷地将炸薯条从生产和包装区运转的传送带上拿下，拿粗笔写上“下流话”，再神不知鬼不觉地放回原处。而且消息传开，其他工人纷纷仿效，导致顾客投诉增多，让公司陷入了极大的被动。

三、诚心与意见不合的人交朋友

（一）倾听下属的反面意见

作为一名领导者，在日常管理中可能经常会遇到各种意见分歧。优秀的领导者应该胸怀宽广，能够广泛地听取会议中的不同意见，妥善处理来自各方的反面意见。

1. 要有听取反面意见的思想准备

领导者提出自己的方案或陈述意见时，事先应考虑到可能有反面意见，思想上应该有所准备。如果思想上没有准备，碰到尖锐的反面意见，就会感到突然，产生急躁、反感情绪。相反，思想上有了准备，就能够冷静地分析反面意见。

2. 要主动鼓励下属提出不同意见

作为领导者不应坐等别人提意见，而应主动地发现问题，鼓励下属消除思想顾虑，敢于在公开场合提出不同意见。即使自己的方案比较成熟，也要欢迎下属提出不同意见，这样有利于在会上统一思想，补充、完善决策方案。在这方面，列宁同志为我们树立了成功的榜样。他开会时，非常重视每位代表的发言，总是善于听取发言者的观点和意见。无论哪位代表发言，他总是把食指放在耳边，集中精力地倾听每一个细节，哪怕是微不足道的观点和意见，甚至在对问题已经有了一定看法后，也主动听取别人的意见。

3. 对多数人的反对意见采取慎重态度

有时领导者的方案或意见由于某些原因受到多数人的反对，这时千万不能着急，更不能强迫大家服从，要冷静地分析、思考自己的方案、意见正确与否，如果不妥，要重新考虑自己原有的方案。如果原有的理由、论据不足，应找出充分理由，采取一定的方法说服大家。

4. 对少数人的反面意见不可忽视

虽然有时候反面意见比较少，但是领导者也不可忽视。正确意见往往会在少数人手中。当进行一项决策讨论的时候，大家头脑比较热，会出现多数人同意而少数人反对的情况，这时多听听少数人的意见会避免决策失误。当出现少数反对意见时，领导者要认真分析，对正确的部分给予肯定，并纳入方案、意见中；对不正确的部分，可以进行说服、解释或教育，但不宜采取强行的方法进行否定。

（二）善待与自己意见不合的员工

辩证唯物主义告诉我们，世界是由矛盾着的事物组成的，矛盾都是相比较而存在、相斗争而发展的。具体来说，有赞成就有反对，有相同就有不同，不同意见是客观存在的。由于一个单位中成员的水平、经历上的差异，想问题、办事情不可能完全一致，难免会出现少数不同的意见。不同意见的存在，从侧面有助于正确意见的产生和完善，能够促进决策的科学性、合理性，有利于提高组织的决策水平。

一要胸怀宽广。虚心向实践学习，向他人学习，这样在面对不同意见时，才能有一个冷静、客观的态度。

二要谦虚谨慎。认真探索不同意见存在的必然性及其出发点，在做决策的时候充分吸取不同意见中正确、合理的成分，使决策更科学，所采取的举措更能得到大多数人的拥护和支持。

三要积极引导。对意见提得不对的人予以必要的鼓励，要理解对方积极想办法提意见的良苦用心。同时要与那些善于提不同意见的少数人交朋友、谈心，让他们“知无不言，言无不尽”。

参考文献

1. 苏东水:《管理学》，东方出版中心，2001 年版。
2. 刘峰:《简约领导》，国家行政学院出版社，2012 年版。
3. 胡月星:《胜任领导》，国家行政学院出版社，2012 年版。
4. 胡月星:《现代领导心理学》，山西经济出版社，2006 年版。
5. 胡月星:《领导胜任力》，电子工业出版社，2007 年版。
6. 赵忠令、胡月星:《现代领导心理》，中国社会科学出版社，2003 年版。
7. [意] 安东尼奥・梅内盖蒂著，艾梅、朱菁菁译:《领导者心理学》，光明日报出版社，2015 年版。
8. [美] 爱德华・劳勒三世著，陈剑芬译:《组织中的激励》，中国人民大学出版社，2011 年版。
9. [美] 奥伯利・C. 丹尼尔斯著，王瑀、王栎译:《真情互动》，新华出版社，2002 年版。
10. 赵振宇、田立延:《激励论》，华夏出版社，1994 年版。
11. 王志兵:《赢在激励》，中国经济出版社，2005 年版。
12. [美]R. 布雷顿・鲍恩著，范国艳译:《激励员工》，企业管理出版社，2001 年版。
13. [美] 大卫・梅西克、罗德里克・克雷默著，柳恒超、刘建洲等译:《领导心理学》，复旦大学出版社，2011 年版。
14. 刘毅:《管理心理学（第二版）》，四川大学出版社，2008 年版。
15. Frederick Herzberg, etc.The Motivation to Work [M]. New Jersey: Transaction Publishers，1993.

16. 赵恒:《心智的管理》，陕西人民出版社，2011 年版。

17. 候书森、季传亭:《励人之技》，企业管理出版社，2001 年版。

18. [美] 亚历山大·希亚姆著，王予和、王舒娟译:《激励员工》，上海世纪出版集团，2002 年版。

19. 余兴安等:《激励的理论与制度创新》，国家行政学院出版社，2005 年版。

20. 刘正周:《管理激励》，上海财经大学出版社，1998 年版。

21. 马华:《当代激励理论》，上海社会科学出版社，1993 年版。

22. 俞文钊:《现代激励理论与应用》，东北财经大学出版社，2006 年版。

23. 刘正周:《管理激励》，上海财经大学出版社，1998 年版。

24. 侯光明:《现代管理激励与约束机制》，高等教育出版社，2002 年版。

25. 苏东水:《管理心理学（第四版）》，复旦大学出版社，2002 年版。

26. 王则柯:《激励机制》，中山大学出版社，2000 年版。

27. 王绪君:《管理学基础》，中央广播电视大学出版社，2001 年版。

28. 华斌、刘敏:《组织行为学》，南京大学出版社，2010 年版。

29. [美] 斯蒂芬·P. 罗宾斯、蒂莫西·A. 贾奇著，李原、孙健敏译:《组织行为学（第十二版）》，中国人民大学出版社，2008 年版。

30. Dernord Wine. Social Motivation, Justice, and the Moral Emotions: An Attributional Approach [M]. London: Psychology Press, 2005.

后 记

领导激励，是现代领导科学和管理科学研究的重要内容。只要有组织的存在，就有激励的存在。当然，自我激励也是一种特殊的激励形式。近年来，围绕激励型领导、激励型组织等内容的研究已成为领导学和组织学研究的热点。

这本书是我的第一本专著，写作让我坐下去，沉下来，练就的是定力，收获的是知识。在此，首先非常感谢我的恩师国家行政学院中国领导科学研究中心副主任、领导科学教研室主任胡月星教授，是他带领我进入领导科学研究的神圣殿堂，他的宽厚仁爱和悉心指导给了我莫大的支持和鼓励。再次，感谢国家行政学院刘峰教授、范文教授、孙晓莉教授、邱霈恩教授、褚松燕教授、李拓教授、张国玉副教授在领导科学专业课程中的学习指导和谆谆教诲。同时，感谢中组部党建研究室兼政策法规局原副主任（副局长）林弋对我的学术指导和提携帮助。此外，还要感谢我的家人在我求学路上的理解与支持。

路漫漫其修远兮，吾将上下而求索。这本书作为个人学术历程的新起点，各位领导专家们的鼓励和鞭策也将激励着我更加扎实努力，不断前行。

鉴于本人水平能力有限，不到之处，恳请各位领导专家和读者朋友不吝批评指正。

袁书杰

2016 年 10 月于国家行政学院